AF313202

Vente les 19, 20 et 22 Juin 1891

(HOTEL DROUOT)

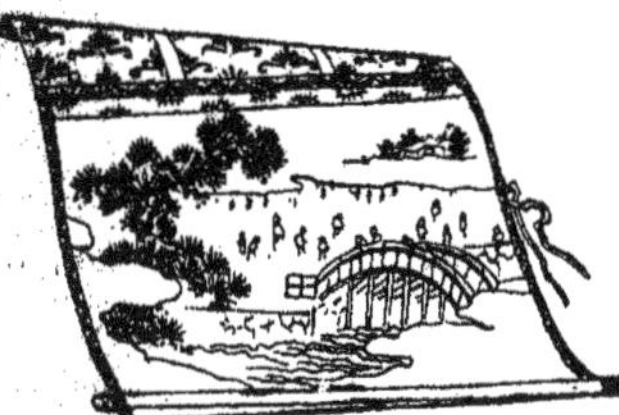

CATALOGUE

DE

Peintures

ET

d'Estampes Japonaises

FORMANT LA COLLECTION D'UN AMATEUR

ŒUVRES ORIGINALES DE MAITRES CÉLÈBRES
CAHIERS D'ÉTUDES, RECUEILS D'AQUARELLES ET DE GOUACHES
SÉRIE HISTORIQUE DE L'ESTAMPE JAPONAISE
DEPUIS MORONOBOU (XVII' SIÈCLE) JUSQU'A HOKUSAI
ET A SES ÉLÈVES
PIÈCES DE CHOIX DES MAITRES DE L'ESTAMPE EN COULEUR
TORI I KIYONAYA, HAROUNOBOU
SOUKENOBOU, SHOUNSHO, OUTAMARO, TOYOKOUNI
ETC., ETC.

ERNEST LEROUX, EDITEUR

28, RUE BONAPARTE, 28

1891

CATALOGUE

DES

Objets d'Art Japonais

ET CHINOIS

CÉRAMIQUE, LAQUES, TROUSSES DE MÉDECINE

GARDES, ANNEAUX ET BOUTS DE SABRES

KOTZUKAS, BRONZES, BOIS, OBJETS EN IVOIRE, NETZUKÉS

Jades, Tissus & Broderies

KAKÉMONOS, OBJETS DIVERS, MEUBLES

Formant la Collection rapportée par M. B*; ancien consul**

ET DONT LA VENTE AURA LIEU

HOTEL DROUOT, SALLE N° 3

Les Lundi 15, Mardi 16, Mercredi 17 et Jeudi 18 Juin 1891, à deux heures

Mᵉ MAURICE DELESTRE	M. CHARLES MANNHEIM
COMMISSAIRE-PRISEUR	EXPERT
27, *Rue Drouot*, 27	7, *Rue Saint-Georges*, 7

CHEZ LESQUELS SE TROUVE LE CATALOGUE

EXPOSITIONS

PARTICULIÈRE	PUBLIQUE
Le Samedi 13 Juin 1891	*Le Dimanche 14 Juin 1891*

DE 1 HEURE ET DEMIE A 5 HEURES ET DEMIE

Paris. — Typ. Chamerot et Renouard, 19, rue des Saints-Pères. — 27640.

CATALOGUE

DE

Peintures & d'Estampes

JAPONAISES

ORDRE DES VACATIONS

<table>
<tr><td></td><td>Numéros</td></tr>
<tr><td>Vendredi 19 Juin. . . . .</td><td>495 à 517</td></tr>
<tr><td></td><td>422 à 462</td></tr>
<tr><td></td><td>1 à 71</td></tr>
<tr><td></td><td>493 à 494</td></tr>
<tr><td>Samedi 20 Juin. . . . .</td><td>310 à 375</td></tr>
<tr><td></td><td>230 à 309 bis</td></tr>
<tr><td></td><td>193 à 229</td></tr>
<tr><td>Lundi 22 Juin . . . .</td><td>72 à 192</td></tr>
<tr><td></td><td>376 à 421</td></tr>
</table>

CONDITIONS DE LA VENTE

La vente sera faite au comptant.

Les adjudicataires payeront cinq pour cent en sus des enchères, applicables aux frais.

M. Ernest Leroux se chargera des commissions des personnes qui ne pourront assister à la vente.

CATALOGUE

DE

Peintures & d'Estampes

JAPONAISES

FORMANT LA

COLLECTION D'UN AMATEUR

QUI SERONT VENDUES

Hôtel des Commissaires-Priseurs, rue Drouot, 9

SALLE N° 3

Du Vendredi 19 au Lundi 22 Juin 1891

A DEUX HEURES PRÉCISES

Par le ministère de Mᵉ **MAURICE DELESTRE**, Commissaire-Priseur
Rue Drouot, 27

Avec l'assistance de M. **ERNEST LEROUX**, Libraire-Expert
Rue Bonaparte, 28

EXPOSITIONS

PARTICULIÈRE | **PUBLIQUE**
Le Mercredi 17 Juin | Le Jeudi 18 Juin

DE DEUX HEURES A CINQ HEURES

SALLE N° 4

PARIS

ERNEST LEROUX, ÉDITEUR

28, RUE BONAPARTE, 28

1891

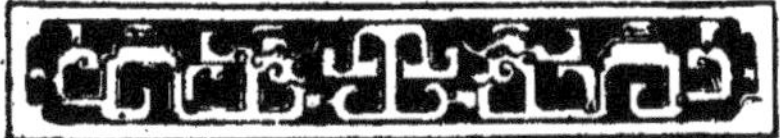

La collection de peintures et d'estampes japonaises, décrite
dans le Catalogue que nous présentons aux curieux, forme,
dans son ensemble, comme un petit musée japonais, comme
une synthèse de l'art de la gravure au Japon. On y suit la peinture à travers les diverses écoles, et la gravure, depuis ses ori-
gines, à la fin du xviiᵉ siècle, jusqu'aux superbes estampes qui
marquent, au milieu du xixᵉ, le triomphe de la chromoxylographie.

La première partie renferme plusieurs albums de miniatures
de l'école de Tosa, l'école de la Cour de Kioto, au style aris-
tocratique, aux procédés minutieux et conventionnels, aux tons
gouachés et aux fonds d'or.

L'école de Kano, l'école favorite des Shogouns, la rivale
de Tosa, y compte aussi plusieurs peintures. Mais c'est surtout
l'école populaire *oukiyo-yé* qui y est largement représentée :
d'un côté, par des œuvres originales, d'une valeur inappré-
ciable, signées des noms de Toyokouni, Kouniyoshi, Hanabousa Itcho, Hiroshighé, Hokusaï, etc.; d'un autre côté, par
une riche collection d'aquarelles, de gouaches, de peintures
à l'encre de Chine.

Nous appelons notamment l'attention des artistes sur une
précieuse série de cahiers d'études et de croquis d'un intérêt
tout particulier pour l'étude des procédés artistiques au Japon.
On y trouvera un témoignage de la sincérité de ces peintres du
Nippon, si peu connus il y a vingt ans, si recherchés aujour-
d'hui; on y verra par quel minutieux travail préparatoire ils en

arrivent à cette habileté de main, à cette légèreté de pinceau qui étonnent les Européens. Dans ces cahiers, les sujets les plus divers se rencontrent : fleurs et oiseaux, arbustes et paysages, personnages, caricatures, scènes populaires, draperies, mouvements, gestes, tout y est traité, étudié, répété. En les feuilletant, on s'initie en quelque sorte à la genèse de l'art japonais.

La seconde partie du Catalogue est consacrée aux estampes. Elle débute avec Moronobou, l'inventeur de la gravure en noir au Japon, dont les œuvres, qui datent de la fin du xvii° siècle, sont d'une extrême rareté. A la suite apparaissent les estampes en couleur, et d'abord les charmantes compositions, aux tons si harmonieux, au dessin si élégant de Harounobou, de Tori i Kiyonaga, les ravissantes planches de Soukenobou, des Katsoukawa : Shounsho, l'un des plus aimables peintres du Japon, Shounyeï, Shounko, etc. ; des Kitao : Masayoshi, Masanobou, etc.

Outamaro, le délicieux peintre de la femme japonaise, dont les estampes ont obtenu à la vente Burty un si retentissant succès, Outamaro, à qui M. de Goncourt consacre en ce moment un volume entier, occupe ici 5o numéros représentant plus de 15o estampes, toutes en admirable tirage, toutes précieuses, parmi lesquelles il faut signaler de célèbres planches, formant triptyque : la barque avec neuf jeunes femmes ornées des attributs des dieux du bonheur, la maison de thé, les boulangères, la promenade d'une jeune princesse, la cueillette des pommes, les porteuses d'eau, le divertissement au bord de la rivière, les jeunes femmes se baignant les pieds dans la mer, la fête de nuit sur la Soumida, etc. Après Outamaro, son école et notamment une planche hors ligne de Sha-rakou et une belle série d'estampes de Yeï-shi et de Koriou-saï.

Puis commence la troisième période, le xix° siècle. Avec Toyokouni, Kounisada, Kouniyoshi et les artistes de l'école d'Osaka, nous vivons au milieu des acteurs fameux, nous assistons aux scènes de théâtre, nous sommes transportés au milieu des légendes héroïques, des grands combats entre les

Minamoto et les Taïra, en pleine époque de la féodalité. La galanterie et l'héroïsme se partagent la faveur des artistes qui reproduisent à l'envi, dans de superbes estampes, les scènes aimables du *Genzi mono gatari* et les hauts faits des *Fidèles Ronins* vengeurs de leur seigneur, l'infortuné prince d'Ako.

L'école *oukiyo-yé* est représentée par un grand nombre d'albums, au milieu desquels se distinguent les belles planches de Hiroshighé, le fameux paysagiste, et une riche série d'œuvres de Hokusaï et de son école, en exemplaires de choix.

Le Catalogue se termine par une remarquable série de *sourimonos*. Ce sont, pour la plupart, des pièces extrêmement rares, parmi lesquelles il faut signaler non seulement les charmantes et délicates estampes signées : Hokusaï, Hok'kei, Hokouba, Gakoutei, Kei-saï, Kounisada, etc., mais aussi toutes ces œuvres de l'école de Kioto, si curieuses sous leur aspect un peu rude, si intéressantes sous leur apparente dureté.

La plupart des estampes sont en condition exceptionnelle, de premier tirage, d'une fraîcheur de tons remarquable et dans leur état primitif. Elles occuperaient une place d'honneur dans les plus belles bibliothèques. La vente récente des collections de M. Ph. Burty a montré en quelle haute estime et en quelle faveur les amateurs éclairés tenaient les belles œuvres que le Japon a laissé un jour échapper au profit de l'Europe, mais les pièces de choix ne sont arrivées ici qu'en petit nombre; elles deviendront de plus en plus rares, et il serait chimérique de compter sur une dépréciation. Leur valeur ira en augmentant. Notre vente offre donc aux amateurs, pour compléter et enrichir leurs séries, une occasion dont il est prudent de profiter.

E. L.

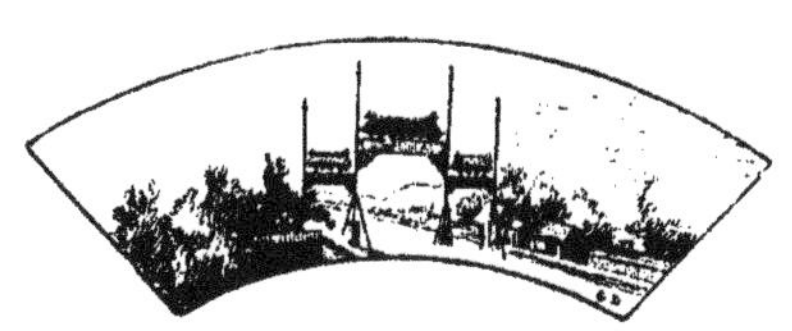

PEINTURES JAPONAISES

Écoles de Tosa et de Kano

1. Grand makimono de l'école de Tosa. Série de peintures à la
gouache, exécutées avec cette préciosité minutieuse qui carac-
térise les œuvres de l'école impériale des Mikado.

> Un rouleau.
> Un *makimono* est un rouleau, long généralement de plusieurs mètres,
> qu'on déroule horizontalement et qui est occupé d'un côté par des pein-
> tures, accompagnées souvent d'un texte manuscrit. Cf. Cat. Burty, n° 2.

2. Les 36 poètes et poétesses célèbres. Peintures à la gouache de
l'école de Tosa, exécutées sur soie à fond saupoudré d'or. En
un album à double face, in-4, tr. dor., recouvert d'une soie
richement brodée d'or.

> Cette série est la plus célèbre suite de ces portraits de poètes si souvent
> peints par les artistes japonais. Chaque miniature est accompagnée d'une
> poésie, en écriture hira-kana, calligraphiée sur une page à fond bleu
> rehaussée d'ornements dorés. Le tout est monté sur un papier fort, tacheté
> d'or et d'argent, et forme un album d'une grande richesse.

3. Les poètes et poétesses célèbres du Japon. 18 planches exécu-

tées à l'aquarelle sur papier bistré et gaufré. En un vol. in-4, cart., couv. en soie.

> Ces portraits, accompagnés chacun d'une poésie en caractères cursifs, sont des reproductions, parfois avec une intention satirique, de la fameuse série des portraits de poètes de l'école de Tosa. Cf. Cat. Burty, n° 10.

4. Poètes célèbres. 6 aquarelles sur soie montées en un album à semis d'or, couverture en soie brochée d'or.

> En face de chaque peinture est une poésie en caractères hira-kana sur un papier dont le fond est orné de dessins dorés.

5. Légendes accompagnées de peintures à la gouache. Œuvre de l'école de Tosa. 3 vol. in-4 oblong, brochés.

> Un de ces ouvrages exécutés par les koughés de la cour du mikado et qui se donnaient en présent à l'occasion d'un mariage, ou à l'époque de la nouvelle année.

6. Légendes illustrées de peintures à la gouache, école de Tosa, 2 vol. in-4 oblong, brochés.

> La plupart des scènes se passent dans le palais impérial. Le mikado sur son trône, caché derrière un store, donne audience aux grands dignitaires de la cour. D'autres peintures représentent des scènes populaires, un enterrement, etc.

7. Livre de présent, orné de peintures à la gouache sur fond à semis d'or, illustrant un roman dont le texte est calligraphié sur les pages correspondantes. 2 vol. in-4, à couvertures noires, laquées et ornées de dessins à l'encre d'or.

> Cet ouvrage contient une cinquantaine de peintures dont les paysages, avec leurs verdures et leurs nuages à semis d'or, rappellent le style de l'école de Tosa.

8. Garnitures d'écrans. 4 peintures à la gouache dans le style de l'école de Tosa, avec fond saupoudré d'or.

> La peinture représente un paysage dont le fond est formé par la masse neigeuse du Foudji; au premier plan, une rivière avec des barques de pêcheurs et des pins parasols.

9. Superbe album de peintures à l'encre de Chine, de l'école de Kano. Un album grand in-4, cart., contenant 20 belles planches : animaux, plantes et fleurs.

Makimonos de diverses écoles

10. Makimono contenant des peintures à l'aquarelle et à l'encre de
Chine, sur papier, des dessins au trait, etc. Gracieuses jeunes
femmes, personnages, animaux, fleurs, etc.

> Un rouleau.

11. Makimono composé de poissons peints à l'aquarelle sur
papier.

> Un rouleau.

12. Makimono composé de dessins à l'aquarelle et a l'encre de
Chine, sur papier. Sujets divers.

> Un rouleau.

13. Makimono composé de curieuses peintures sur soie.

> Un rouleau.
> Sujets divers et fantastiques, mélés de personnages bizarres, caricatures
> rappelant certaines œuvres de Goya à la fantaisie outrée.

14. Les Tortues. Grand makimono sur papier, d'une exécution
remarquable.

> Longue série d'aquarelles représentant des tortues se livrant à toutes
> les occupations et à tous les plaisirs. Spirituelle composition qui fait songer
> aux Animaux peints par eux-mêmes, de Grandville. Les Japonais semblent
> avoir un goût particulier pour ces scènes humoristiques représentées par
> des tortues et certains peintres, tels que To-nan, ont consacré à ce genre tout
> leur talent. Cf. Cat. Burty, nº 22.

15. Grand makimono de l'école de Kioto, représentant des scènes
de la vie populaire, en une dizaine d'aquarelles, exécutées sur
papier.

Aquarelles de diverses écoles

*Peintures originales de Hanabousa Itcho, Toyokouni,
Kounijoshi, Hokusaï, Hiroshighé, etc.*

16. Divinités bouddhiques. 16 planches, aquarelles sur papier.
d'une assez grande finesse d'exécution, représentant l'Olympe

indien, avec quelques modifications de costumes qui rappellent la Chine. Deux beaux albums in-4, cart. en étoffe à compartiments, tranches dorées, gardes intérieures dorées, semis d'or dans les marges.

17. Légendes illustrées de miniatures de l'école de Moronobou. 2 vol. in-4, couvertures en étoffe.

Peintures du XVIIIe siècle dont le dessin et la composition rappellent bien les œuvres de Moronobou.

18. Estampes fameuses de l'école des Tori i reproduites en aquarelle sur papier. 26 planches en un album in-4, cart.

Les pièces rarissimes reproduites en cet album sont presque toutes consacrées à la peinture de jeunes femmes à leur toilette, dans le plus galant déshabillé.

Les couleurs rendent avec une scrupuleuse vérité les tons harmonieux et vifs des estampes originales.

19. **Hanabousa Itcho.** Un montreur de singes, grand dessin à l'encre de Chine. Au verso une aquarelle représentant une branche avec des fleurettes jaunes.

Les œuvres originales d'Itcho sont très rares. Ces deux peintures de caractère si différent offrent donc un intérêt tout particulier.

20. **Toyokounl.** Deux dessins originaux, représentant des portraits d'acteurs et destinés à la gravure.

21. — Koshiro l'acteur. Dessin pour la gravure. Grande planche au trait.

22. **Kouniyoshi.** Dessin destiné à la gravure. Scène de théâtre à deux personnages.

Un fragment d'estampe en couleur, de premier tirage, couvre le bas du dessin.

23. — Cahier de 22 dessins originaux destinés à l'illustration d'un livre et non gravés.

Quelques-uns de ces dessins semblent l'illustration d'une histoire analogue à celle de Gulliver chez les Lilliputiens. Dessins très spirituels pleins d'humour et de mouvement.

24. — Précieuse réunion de dessins originaux de ce maître. 12 planches en 1 vol. in-fol., cartonné.

Dessins au trait, préparés pour l'exécution en gravure; quelques-uns sont rehaussés de couleur. Acteurs, scènes de théâtre, légendes.

25. **Kounlyoshl.** Dessin destiné à la gravure. Fragment d'une composition à plusieurs personnages.

26. Dessin destiné à la gravure. Scène de théâtre à deux personnages. Dessin au trait sans nom d'artiste.

27. **Hokusaï.** Un poisson. Grande aquarelle sur papier.

   Œuvre intéressante du maître.

28. — Grande aquarelle sur soie. Œuvre authentique du grand artiste.

   Un guerrier tient de ses deux mains une hache gigantesque à laquelle est suspendue par les cheveux une grosse tête sanglante. La scène se passe près d'un mur en ruine; elle est éclairée par le croissant de la lune.

29. — Aquarelles sur papier de l'école de Hokusaï. 8 planches en long en un album in-4 oblong. Sujets variés.

30. — Cahier d'études d'un peintre de l'atelier de Hokusaï. 8 aquarelles en hauteur réunies en un album in-4 oblong. Sujets divers.

31. **Hiroshighé.** Les vues du Tokaïdo. Aquarelles sur soie en un album in-4, couvert. en soie brochée d'or.

   Ce précieux album contient 50 aquarelles, d'une grande finesse d'exécution, représentant les vues que l'œuvre gravée d'Hiroshighé a popularisées.

32. Deux superbes albums à double face contenant 108 aquarelles, d'une magnifique exécution sur soie jaune, montées sur un papier à reflets argentés, en 2 albums in-4, cart. en étoffe, tranches dorées.

   Cette œuvre très intéressante de l'école Oukiyo-yé se compose de scènes populaires, de paysages, de scènes comiques, le tout exécuté avec cette verve, ce mouvement, ce sentiment gai dans lesquels les artistes japonais excellent à un si haut point. La série des paysages est fort intéressante : on y trouve, comme dans Hiroshighé, des effets violents de perspective obtenus par des objets de premier plan de dimensions énormes. D'autres planches rappellent plutôt la manière de Hokusaï. Le tout forme un ensemble des plus précieux.

33. Scènes populaires, caricatures, oiseaux, fleurs, paysages, personnages, etc. 30 planches doubles exécutées à l'aquarelle sur papier, en un album in-4, cart.

34. Héros et guerriers. Curieuse série de peintures à la gouache sur papier, en 1 volume in-folio long, cart.

35. Album peint. Portraits de héros et de guerriers, 29 planches en 1 volume in-folio long, cart.

> Les planches mesurent 52 centimètres en hauteur sur 20 centimètres de largeur.

36. Harnachement d'un guerrier. 23 planches à l'aquarelle représentant toutes les pièces de l'équipement d'un riche guerrier. Album in-4 oblong, couv. en étoffe.

37. Modèles d'ustensiles, meubles et objets divers. 2 vol. manuscrits, ornés de dessins peints à l'aquarelle. — 2 vol. in-4, couv. en étoffe.

38. Dessins de masques. 10 planches à l'aquarelle sur papier, reproduisant des masques anciens, en un album in-4, cart.

39. Aquarelles chinoises sur papier. 17 pièces représentant des guerriers, en 1 volume in-4, cart.

Peintures à l'aquarelle et à la gouache

Curieux cahiers d'études : fleurs, oiseaux, sujets variés.

40. Bel album à double face d'aquarelles sur soie : fleurs, poissons, oiseaux, jouets d'enfants, etc., d'une gracieuse exécution. 14 planches montées sur un papier bleu à reflets argentés, en un album à couv. de soie blanche brochée d'or.

> Au verso de ce bel album des poésies en caractères hira-kana sur un fond de nuages bleu et or.

41. Aquarelles sur soie. 20 pièces réunies en un album pet. in-4 oblong, couverture en soie.

> Poissons, oiseaux, fleurs, singes, chiens, insectes, paysages, etc.

42. Seize aquarelles sur soie, réunies en un album petit in-4, couv. en étoffe, gardes intér. dorées.

> Fleurs, oiseaux, paysages. Joli petit album.

43. Bel album d'aquarelles sur soie, d'une grande finesse d'exécution, comprenant 24 aquarelles, accompagnées chacune d'une

poésie, écrite en hira-kana cursif sur papier à ornements dorés.
En un vol. in-4, à double face, reliure en soie brodée d'or.

Personnages, paysages, oiseaux, fleurs, arbres, arbustes, etc.

44. Études de fleurs. Aquarelles sur soie, en un album in-8, couv.
en étoffe.

45. Paysages, oiseaux, etc. 13 aquarelles sur papier, en un album
in-4 cart., couv. en soie.

46. Aquarelles sur soie. 10 grandes aquarelles montées sur carton
doré, en un album in-4, couv. en soie.

Sujets variés, accompagnés de poésies. Œuvre intéressante.

47. Études de fleurs à l'aquarelle et à la gouache. 14 planches doubles en un vol. pet. in-folio, couv. en étoffe.

Aquarelles sur papier, d'une grande habileté de facture et d'une extrême
délicatesse de touche. Œillets, volubilis, roses, chrysanthèmes, grenades, etc.
L'anatomie de la feuille et de la fleur est rendue avec un soin minutieux.

48. Douze aquarelles sur soie à ton bistré en un album in-4 oblong,
cart. Oiseaux et paysages.

Belles études d'oiseaux volant à travers les roseaux et les feuillages, sur
le disque du soleil, dans la plaine, etc.

49. Collection d'aquarelles sur papier. Fleurs, oiseaux, bambous,
paysages, personnages, etc. 61 planches doubles en un album
in-4, cart.

Beaucoup de pièces d'une facture intéressante.

50. Album à double face, in-folio, cart. en étoffe, gardes int. dorées.

Cet album, composé de 18 aquarelles sur papier, contient des études variées : personnages, animaux, arbustes et fruits.

51. Études de papillons, d'oiseaux, d'insectes, de grenouilles, etc.
14 aquarelles sur papier, montées en un album in-4 oblong, cart.

52. Fleurs et insectes. 6 aquarelles sur soie, accompagnées d'un
texte, un album in-4 relié entre deux planchettes.

53. Aquarelles et dessins à l'encre de Chine. 31 planches exécutées sur papier, en un volume in-4, recouvert en étoffe.

Paysages, fleurs, arbustes, personnages, animaux, oiseaux, etc. Quelques pièces d'une très fine exécution.

54. Aquarelles sur soie, montées sur carton saupoudré d'or, en un album in-4, recouvert en étoffe.

> Onze aquarelles, scènes populaires, paysages, personnages, etc.

55. Bel album d'oiseaux, arbres et fleurs. 12 peintures à l'aquarelle et à l'encre de Chine sur soie bistrée, en un album in-4 oblong, jolie couverture en soie brochée avec dessins d'animaux fantastiques, gardes intérieures ornées d'un oiseau et de nuages dorés.

> Aquarelles d'une exécution très soignée.

56. Curieux recueil de dessins et croquis à l'encre de Chine. Modèles d'écrans et d'éventails, sujets divers, une trentaine de feuilles en un vol. in-4, broché.

57. Recueil de dessins destinés à être reproduits en gravure.

> Jeunes femmes, portraits d'acteurs. Dessins au trait, quelques-uns rehaussés de couleur. 8 pièces en une liasse.

58. Recueil de 48 planches de dessins et croquis à l'encre de Chine en un vol. in-4, broché.

> Sujets de toute sorte formant un cahier d'études aussi intéressant par sa variété que par l'habileté de main dont témoignent la plupart des planches.

59. Dessins et croquis d'une grande finesse, la plupart au trait, représentant des personnages, des animaux, des scènes en un vol. in-4, broché. — Au verso, modèles de calligraphie en caractères hira-kana.

> Dans ce cahier d'études, comme d'ailleurs dans la plupart de ceux de cette collection, on peut apprécier avec quel soin l'artiste japonais prépare son travail. La même figure est représentée trois ou quatre fois pour l'étude d'un geste, d'une draperie, d'un mouvement de main. C'est par ce travail minutieux qu'ils parviennent à cette habileté de pinceau que nous retrouvons même chez les artistes secondaires.

60. Très curieux recueil d'études et de petits croquis au pinceau réunis en un album à double face. In-fol., broché.

61. Études au pinceau par divers artistes. 14 planches en un vol. in-4, cartonné. Sujets divers : scènes, personnages, planches décoratives, etc.

62. Recueil de dessins originaux à l'encre de Chine par divers
artistes. 26 planches en 1 vol. in-4, couv. en étoffe.

> Personnages, enfants, planches satyriques, fleurs, oiseaux, éventails, etc.

63. Études d'oiseaux et de plantes, études d'ensemble et de détail,
exécutées à l'encre de Chine. En un vol. in-8, cart.

> Intéressant petit album, cahier d'études d'un dessinateur habile.

64. Aquarelles et dessins à l'encre de Chine. Une vingtaine de
pièces en un album in-4, cart.

> Intéressant cahier d'études, motifs pour l'industrie, éventails, personnages,
> costumes de cour, fleurs et oiseaux, Hotei, etc.

65. Études de fleurs à l'aquarelle. Un bel album à tons très doux.
in-4, broché.

66. Cahier d'études. Recueil de planches à l'encre de Chine et à
l'aquarelle. Études d'animaux, de personnages, d'oiseaux, de
feuillages, etc. En un album in-4, cart.

67. Cahier d'études. 26 aquarelles sur papier, en un volume in-4,
cart.

> Modèles d'éventails, arbustes, fleurs, oiseaux.

68. Aquarelles sur papier et dessins à l'encre de Chine. Un volume
in-4 oblong, cart.

> Un de ces nombreux cahiers d'études qui témoignent de la conscience des
> artistes japonais et qui montrent par quel labeur minutieux ils en arrivent
> à cette habileté de pinceau que nous constatons dans leurs œuvres. albums,
> sourimonos, kakémonos, etc. — Les sujets qui composent ce précieux petit
> album sont d'une grande variété : personnages, animaux, fleurs, arbustes,
> paysages, etc.

69. Paysages, fleurs, oiseaux. 19 planches doubles à l'aquarelle et
à l'encre de Chine. En un album in-4, cart.

70. Recueil de 18 aquarelles, planches doubles en un album, in-4,
cart.

> Très belle collection d'oiseaux, de poissons, de paysages, parmi lesquels
> une grue se détachant sur le disque du soleil, un aigle, un faucon blanc sur
> une branche, un effet de pluie et de soleil sur une montagne, des cigo-
> gnes, etc.

71. Aquarelles sur papier. 17 planches doubles en un volume pet.
in-folio, br.

> Cahier d'études d'un artiste de l'école de Gankou, une des branches de
> l'école chinoise au Japon. Sujets divers : un pêcheur d'écrevisses, Okamé,
> un chien assis, curieux effets de pluie dans les montagnes.

72. Aquarelles sur papier. Paysages, personnages, fleurs, oiseaux,
etc. 16 planches doubles en un vol. gr. in-8, cart.

73. Cahier d'études, aquarelles sur papier, sujets pour l'industrie,
modèles pour graveurs et laqueurs. Un volume in-4, broché.

74. Études de fleurs et d'arbustes à l'aquarelle et à l'encre de
Chine. 16 planches doubles, en un album pet. in-folio, cart.

75. Aquarelles et dessins au pinceau à l'encre de Chine. Intéressant cahier d'études contenant 21 planches doubles en un vol.
in-4, cart.

> Aquarelles sur papier, personnages, oiseaux, bambous, paysages, dieux
> du bonheur, etc.

76. Études de poissons, mollusques, etc. Aquarelles sur papier,
20 planches doubles en un volume gr. in-8, obl.

77. Cahier d'études. 26 aquarelles sur papier, en un volume grand
in-8. cart.

78. Aquarelles et dessins à l'encre de Chine. 56 peintures sur papier,
en un vol. in-4, cart.

> Paysages, arbres, oiseaux, fleurs, personnages, etc. Un certain nombre de
> planches exécutées simplement au trait montrent avec quel soin et quelle
> sincérité procède l'artiste japonais.

79. Aquarelles sur papier, 24 pièces intéressantes en un volume
grand in-8. cart. Sujets variés, d'une large facture : poissons,
paysages, bambous, oiseaux, personnages, animaux, etc.

80. Aquarelles et dessins à l'encre de Chine, en 2 albums in-4,
cart.

> Intéressants cahiers d'études contenant 168 pièces : personnages histo-
> riques et légendaires, fleurs, fruits, poissons, paysages, les poètes célèbres,
> danseurs de Nô, caricatures, scènes populaires, animaux, etc.

81. Aquarelles sur papier. Album composé d'une soixantaine de planches in-4, cart.

> Sujets variés, fleurs, arbustes, poissons, etc.

82. Aquarelles et dessins à l'encre de Chine, sur papier. En deux albums in-4, cart.

> Études diverses. Fleurs, oiseaux, paysages, charges.

83. Études de paysages et de fleurs. — Aquarelles sur papier, en deux albums in-8, cart.

84. Album de 47 aquarelles. Études de fleurs, de fruits, de chauves-souris, de crustacés, etc. 47 planches doubles en un volume in-4, cart.

> Aquarelles sur papier.

85. Intéressant recueil d'aquarelles et d'études à l'encre de Chine. Album sur papier, in-4, cart.

> Oiseaux, fleurs, mollusques, caricatures, un coq d'un curieux effet de rendu, un tigre, des bambous, un chat guettant une souris, etc.

86. Scènes, paysages, oiseaux, arbres, fleurs, etc. Aquarelles sur papier. 46 planches en un volume gr. in-8, cart.

> Cet album, intéressant par son exécution et sa variété, contient notamment de belles aquarelles de tortues, de fleurs et de libellules, la légende du samuraï passant sous les jambes d'un portefaix du port, la belle poétesse Komati, des scènes populaires, quelques belles planches d'oiseaux, etc.

87. Études à l'encre de Chine, personnages, et paysages en un album in-4, cart.

88. Aquarelles sur papier. Sujets variés. Une quarantaine de planches en un vol. in-4, cart.

89. Aquarelles sur papier. Paysages à vol d'oiseau, fleurs et fruits, oiseaux et peinture décorative, en un album in-4, cart.

90. Études de fleurs et d'oiseaux. Aquarelles sur papier. Un album in-4, cart.

91. Aquarelles sur papier et dessins à l'encre de Chine, en un album in-4, cart. Fleurs, oiseaux, paysages, poissons, masques, etc.

92. Intéressante série d'aquarelles, en un album in-4 oblong, broché.

> Cet album contient environ 150 peintures à l'aquarelle, à la gouache et

à l'encre de Chine, des croquis, des dessins préparés pour recevoir la couleur, le tout dans les styles des différentes écoles japonaises, depuis l'école de Tosa et l'école de Kano jusqu'à l'école Oukiyo-yé. Quelques-unes de ces études sont vraiment remarquables.

93. Études d'oiseaux. Collection d'aquarelles et de gouaches sur papier, en un album in-4, cart.

94. Aquarelles et dessins à l'encre de Chine, en un album in-4, cart. Sujets variés.

95. Études de fleurs. 14 aquarelles sur papier, en un album in-4 oblong.

96. Études de fleurs et d'oiseaux, personnages et paysages. 28 aquarelles sur papier, planches doubles montées en un album pet. in-folio, cart.

97. Aquarelles sur papier, en 2 albums in-4, cart.

Sujets variés, paysages, personnages, insectes, poissons, oiseaux, fleurs et arbustes, etc.

98. Aquarelles sur papier, 2 cahiers d'études in-8 brochés. Sujets variés.

99. Cahier d'études composé d'aquarelles sur papier et de dessins au trait. Un vol. in-4, cart. Sujets divers.

100. Deux albums de peintures à l'aquarelle et à l'encre de Chine. Cahiers d'études in-8, cart. Sujets divers.

101. Études de fleurs à l'encre de Chine. 12 planches en un album in-4, couv. en étoffe.

102. Belle collection d'aquarelles sur soie, en un album in-folio à double face, couv. en soie.

Cet important album contient 46 aquarelles représentant des fleurs, des paysages, des oiseaux, délicatement exécutés, soit à l'aquarelle, soit à l'encre de Chine.

103. Études de fleurs. 12 aquarelles et gouaches sur soie, en un album in-4 oblong, couv. en soie.

104. Fleurs et oiseaux. 20 planches à l'aquarelle montées sur papier doré en un album in-4, couverture de soie brochée d'or, gardes intérieures à nuages d'or et d'argent.

Superbe album d'une exécution excellente et d'une condition parfaite.

105. Belle collection de 19 aquarelles sur soie montées sur carton doré en un album recouvert de soie, avec gardes intérieures dorées.

Sujets variés d'une belle exécution.
Hotei lutiné par des enfants, la déesse Kwannon, oiseaux, fleurs, paysages, personnages, un montreur de singes, Komati composant une poésie à la lune, etc.

106. Aquarelles et peintures à l'encre de Chine. 35 grandes planches, quelques-unes dans le style de l'école de Kano, en un album in-4, belle reliure en bois.

107. Bel album d'aquarelles sur soie à fond gris. Un vol. in-4 oblong, couvert. en soie jaune.

Album à double face, composé de 20 aquarelles représentant des scènes populaires, des fleurs, des caricatures, des personnages fantastiques, etc.
Œuvre intéressante.

108. Aquarelles sur soie. 7 planches en un album in-4 oblong, couv. en soie brochée d'or.

Sujets variés : fruits, fleurs, personnages, paysages, poissons, etc.

109. Etudes d'oiseaux. 26 aquarelles sur papier, en un album in-4 oblong, cart. couv. en étoffe.

Cet album contient notamment des études de perroquets, des canards, etc.

110. Grandes aquarelles sur soie, en un album in-4, couv. en soie.

Neuf aquarelles, d'une exécution délicate, représentant des oiseaux, des paysages, des fleurs, etc.

111. Paysage à travers lequel bouillonne un torrent avec de nombreux rapides, au milieu d'un site montagneux. Grande aquarelle sur papier, d'environ 9 mètres de long, montée en un album in-4, couv. en soie brochée de dessins représentant des animaux fantastiques, des chrysanthèmes, etc.

112. Très beau recueil de 30 aquarelles sur soie, montées sur papier fort à reflet argenté, en un superbe album in-4, à tranches

et gardes intérieures dorées, à couverture de soie brodée et brochée d'or, avec trois coins de cuivre ciselé.

Remarquables études de poissons, de fleurs, de fruits, formant un des beaux albums de cette collection.

113. Douze aquarelles de divers formats. Sujets variés.

114. Huit aquarelles et gouaches sur papier bistré. Paysages, fleurs, oiseaux, poissons, personnages, etc.

115. Six aquarelles et gouaches sur papier à fond bistré : arbres, fleurs, personnages, un cheval se roulant sur le dos, etc.

116. Six aquarelles et gouaches exécutées sur papier foncé. Un jeune chien jouant avec un éventail, un écran orné d'une pivoine et de feuillage, une montagne avec des rehauts d'or au premier plan, un oiseau, etc.

117. Recueil de 7 grandes aquarelles sur papier en 1 vol. in-fol. broché.

Scènes dramatiques et légendaires.
Une femme, portant sur la tête trois bougies allumées, cloue à un arbre un petit mannequin dont le sang coule. — Apparition de spectres ensanglantés. — Tête d'animal fantastique. — Une dame jouant de la cithare. .

118. Neuf aquarelles sur papier. Sujets variés.

Un singe en somptueux costume, le sabre au côté, un homme lisant, de oiseaux, une branche d'arbre en fleur, un homme surveillant un feu dans une cabane au bord de la mer, des pivoines, etc.

119. Recueil de 21 grandes aquarelles sur papier, en 1 vol. in-fol., broché.

Sujets variés : scènes et personnages.

120. Quatre peintures à la gouache. Scènes d'intérieur peintes sur un fond bistré.

121. Cinq aquarelles et dessins à l'encre de Chine sur papier léger. Sujets variés. Une marine, des oiseaux, un cerf, des enfants jouant, des feuilles de bambou.

122. Deux dessins à l'encre de Chine sur papier léger, dont l'un représente une grue planant et l'autre, rehaussé de quelques tons de couleur, deux tourterelles sur une branche.

123. Deux aquarelles sur papier, préparées pour être montées en
kakémonos et représentant des personnages.

> Œuvres de l'école populaire.

124. Trois peintures à la gouache, représentant des personnages,
exécutées sur papier à fond jaunâtre.

125. Cinq aquarelles et gouaches de différents styles; jeunes
femmes en riches costumes, un oiseau, l'Olympe japonais traité
avec une intention comique.

126. Fleurs et oiseaux. Série de 8 aquarelles sur soie en un
album in-4, couv. en étoffe.

127. Études de fleurs, de branches et de feuillage. 24 planches à
l'aquarelle, en un album à double face grand in-4 oblong,
cart.

128. Belles études de fleurs à l'aquarelle, sur papier. 31 planches
d'une large facture, en un album à double face grand in-4
oblong, cart.

129. Lot considérable d'études de fleurs, de paysages, d'éventails,
d'animaux, de masques, de sujets de toutes sortes, exécutés à
l'aquarelle et à l'encre de Chine.

> Ce lot, composé de 28 cahiers et contenant plus de 400 pièces d'un intérêt
> exceptionnel, sera divisé à la vente.

Peintures sur éventails

130. Deux éventails. Aquarelles sur papier, fleurs et papillons.

131. Un éventail. Aquarelle sur papier, monté sur carton. Fleur.

132. Un éventail sur papier, exécuté à l'aquarelle. Pivoine et feuillage.

133. Éventail. Aquarelle sur vélin représentant trois personnages
accroupis.

134. Éventail. Aquarelle sur papier représentant des pivoines.

135. Un éventail sur vélin. Une branche d'arbre, fond saupoudré d'or.

136. Un éventail, représentant des chrysanthèmes et des roses, exécuté à l'encre de Chine sur un fond d'or avec rehauts de gouache.

Style de l'école de Kano.

137. Un éventail représentant des oiseaux et des bambous couverts de neige; peinture à l'encre de Chine sur papier.

Style de l'école de Kano.

138. Un éventail. Marine, dans le style de l'école de Kano; peinture à l'encre de Chine sur papier. Effet de nuit.

139. Deux éventails sur papier. Peinture à l'encre de Chine, fleurs et oiseaux.

140. Un éventail. Iris, peinture à l'encre de Chine sur vélin, avec rehauts d'or à la base.

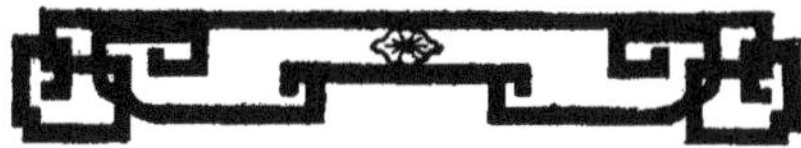

ESTAMPES JAPONAISES

PREMIÈRE PÉRIODE

Gravures en noir

MORONOBOU (HISHIKAWA·
(FIN DU XVIIᵉ SIÈCLE)

141. **Moronobou.** Études d'animaux, de plantes et de fleurs. Un album in-4, broché, gravures en noir (fin du xviiᵉ siècle).

> Œuvre importante, et d'un intérêt capital, du grand artiste qui fut le véritable créateur de l'estampe japonaise.

142. — Légendes illustrées ; gravures en noir. Album in-4, cart.

143. — Légendes guerrières illustrées. Impression en noir de la fin du xviiᵉ siècle. In-4, cart.

144. — Scènes historiques et légendaires. In-4. cart., grav. en noir (fin du xviiᵉ siècle).

Estampes en couleur

SOUKENOBOU (NISHIKAWA)
(1671-1750)

145. **Soukenobou.** Recueil de portraits de femmes. 20 gravures

en noir (xviiie siècle), montées sur papier fort en un album in-4, couvert. en étoffe japonaise.

Vingt planches charmantes de ce peintre gracieux : jeunes femmes se livrant à diverses occupations, les unes à leur toilette, devant leur miroir; d'autres lisent, font de la musique, arrangent des fleurs, composent des vers, quelques sujets très élégants.

146. **Soukenobou**. Occupations des femmes. Recueil factice de 22 planches en noir en un album in-4, cart. Gracieuses compositions d'un beau tirage.

147. **Tcho sui**. — Scènes représentant diverses occupations et des plaisirs de jeunes femmes. 3 vol. in-4, illustrés de gracieuses compositions tirées en noir.

Rare.

HANABOUSA (ITCHO)
(1652-1724)

Le grand caricaturiste qui porta à sa perfection le genre comique créé au xiie siècle par Toba Sojo.

148. **Hanabousa Itcho**. Bel album de 20 planches doubles. Gravures en couleur. En un volume in-4, cart.

Série intéressante d'œuvres du maître caricaturiste : Le bac, en 3 parties; les poètes célèbres, dans leur pose méditative, scènes de théâtre, buveurs de thé, maison de bains, scènes de la rue, etc.

149. — Caricatures sur les poètes célèbres, les médecins et les artisans du Japon, scènes populaires, etc. Un volume in-8, broché, gravures en noir.

150. — Scènes populaires et comiques, personnages et paysages, Gravures en noir. 3 vol. in-4, cart.

151. — Croquis et études diverses. Gravures en noir. 3 tomes en un vol. in-4, cart.

152. — Belle série de 13 planches en couleur, pliées en un vol. in-4, cart.

Épreuves de magnifique tirage. Sujets variés.

SECONDE PÉRIODE

Apogée de la Chromoxylographie

Harounobou, Tori i Kiyonaga, les Katsoukawa Shounsho, Shounyei, Shounko, etc., les *Kita o* Masayoshi, Masanobou, etc. Outamaro.

SOUZOUKI HAROUNOBOU

Le grand charmeur du xviii⁰ siècle, dont les œuvres empreintes d'une
grâce pénétrante et d'un exquis sentiment de poésie sont rares et recher-
chées.

153. Harounobou. Deux estampes à tons légers, rose et vert, représentant de jeunes beautés japonaises, d'une grâce parfaite.

154. — Deux jeunes femmes, les pieds dans l'eau; l'une pêche,
à l'aide d'un épervier, de petits poissons que l'autre reçoit dans
un vase transparent.

Belle pièce.

155. — Deux estampes à tons rose et vert. Une jeune femme et
une petite fille. — Un moine bouddhique en adoration devant
une jeune femme, personnifiant Kwannon, assise sur un élé-
phant fantastique.

156. — Les porteuses d'eau. Gracieuse estampe en couleur à tons
doux. Deux jeunes femmes à jupes de roseaux, dont l'une, les
pieds dans l'eau, emplit un seau dans la rivière dont les flots
sont représentés par des gaufrures.

157. — Une jeune femme tend les bras vers une petite fille vue à
travers un léger voile vert. A l'extérieur, un arbre à une branche
duquel se balance un singe. Estampe en couleur.

158. — Une jeune femme jouant de la cithare. Charmante estampe
en couleur, à tons d'une extrême finesse.

159. —Une jeune femme à la promenade, avec sa suivante. Estampe
en couleur, à tons légers.

160. **Harounobou**. Deux estampes en couleur. Une jeune femme dévidant de la soie. — Jeunes femmes et jeunes filles à la promenade. Deux pièces très élégantes.

161. — Deux jeunes femmes se garantissant de l'ondée sous un large parapluie. Leurs jupes légèrement relevées laissent voir le bas de la jambe et le pied nu. Jolie estampe à tons éteints.

162. — Une rue la nuit avec des porteurs de litière, escortés de porteurs de lanternes et de jeunes femmes. Belle estampe en couleur.

163. — Deux jeunes femmes cueillant des roseaux au bord d'une rivière. Belle gravure à deux tons, vert et rose.

164. — Charmant recueil de 3o planches en couleur, en un album in-4, cart.

> Gracieuse série de planches de ce maître des élégances féminines. Elles représentent de jeunes femmes se livrant à leurs occupations favorites. Les tirages sont d'une beauté et d'une fraicheur de tons incomparables. Une guesha dansant, la coiffure, la lecture, la toilette, la peinture, la composition poétique, la promenade à cheval, la musique, l'écriture, la promenade en bateau, le jardinage, les soins du ménage, la pêche à l'épervier, la causerie, etc. Ces planches montrent l'art de la chromoxylographie parvenu à son apogée.

165. — Jeunes femmes de maisons vertes. 22 estampes en couleur accompagnées de poésies. En un album in-4, couv. en étoffe.

> Planches charmantes de dessin et de ton. Les jeunes femmes sont représentées se livrant à leurs plaisirs et à leurs occupations favorites.

166. — Belle estampe en couleur de 0^m,70 de haut sur 0^m,12 de large. Une jeune femme au bord de la mer quitte ses vêtements, au-dessous d'un rocher sur le bord duquel se penche un géant hideux qui tient par une corde un démon qu'il dirige vers elle. La scène rappelle la légende de Polyphème et de Galatée de la mythologie grecque.

167. — Deux femmes dont l'une porte sur l'épaule une caisse. Estampe à tons légers.

168. — La bouquetière. Charmante estampe en couleur à deux personnages. Tons d'une extrême douceur.

TORI I KIYONAGA

Élève de Tori i Kiyomitsou, surpassa tous ses prédécesseurs et ses
contemporains comme peintre d'acteurs et de femmes. Ses impressions
en couleur, dit M. Anderson, sont d'une grande rareté; elles atteignent
les limites de la perfection, tant par la grâce du dessin que par la pureté
des tons.

169. **Tori i Kiyonaga.** Deux gravures en couleur, occupations de
jeunes femmes. 2 jolies pièces aux tons doux et harmonieux.

170. — La poétesse, rimant et composant sur une terrasse au bord
d'une rivière.

171. — La collation. Trois jeunes femmes fument et boivent le thé.
Par une large baie on aperçoit la mer et un horizon borné de
collines. Planche à gaufrures et à tons rose et vert légers.

172. — La promenade. Trois jeunes femmes et deux enfants. Planche à tons légers, rose, vert et jaune, d'un gracieux effet.

173. — Trois gravures en couleur. Jeunes femmes arrangeant des
étoffes, fumant, causant. Sujets gracieux et remarquable spéci-
men de l'impression en couleur au xviiie siècle.

174. — Trois gravures en couleur, xviiie siècle. Jeunes femmes à la
promenade. Estampe d'un bon tirage en bel état.

175. — Superbe estampe de 0{m},70 de haut sur 0{m},12 de large
représentant une jeune femme debout en regardant une autre
qui, accroupie à terre, écrit avec un pinceau sur de longs
rouleaux de papier. Tirage d'une grande délicatesse de tons.

176. — Estampe en couleur de 0{m},70 de haut sur 0{m},12 de large.
Deux jeunes femmes en promenade.

177. — Dame noble et enfant. Planche en couleurs à gaufrures.

178. — Trois jeunes femmes se promènent au bord de l'eau. Estampe en couleur, à gaufrures.

179. — Trois jeunes femmes causant sur une terrasse. Estampe en
couleur.

180. **Torı ı Kıyonaga.** Marchande de poissons. Gracieuse composition à trois personnages.

181. — Trois jeunes femmes dont l'une allume des pièces d'artifice.

182. — Deux jeunes femmes dont l'une relève ses jupes pour tra-
verser un ruisseau.

183. — Trois jeunes femmes sur un pont. Estampe en couleur.

184. — Scène de théâtre. En scène, deux personnages ; au second
plan, trois musiciens. Planche en couleur.

185. — Deux estampes en couleur. Jeunes femmes en promenade
et dans leur intérieur.

186. — Concert sur une terrasse, par trois musiciennes. Un jar-
din où une jeune femme joue de la flûte, tandis qu'une autre
tient une lanterne allumée.

187. — Deux estampes en couleur. Jeunes femmes se divertissant.

188. — Quatre estampes en couleur, 2 planches, jeux d'enfants;
1 planche, scène de théâtre ; 1 planche, femmes en barque.

189. — Trois estampes en couleur. Plaisirs de jeunes femmes.

190. — Deux estampes en couleur. Jeunes femmes en promenade.

191. — **Kiyonaga** et **Yeıshi.** Trois estampes en couleur, sujets
variés.

192. **École des Torı ı et des Katsoukawa.** Intéressant cahier d'é-
preuves de gravures tirées en noir, en un album in-4 oblong.

> Pièces de toute rareté, la plupart gracieuses de sujet et charmantes de
> dessin.

KATSOUKAWA SHOUNSHO

FIN DU XVIIIᵉ SIÈCLE

C'est à lui, dit M. Duret, que sont dues les premières productions de
scènes de théâtre que nous connaissions. Il fut un des plus grands artistes du Japon et nul ne le surpasse en grâce et en élégance. Ses estampes sont d'une merveilleuse harmonie de tons.

193. **Katsoukawa Shounsho.** *Sei-ro bijin awasé sougata kagami.*

« Miroir des beautés de la maison verte. » Portraits des jolies femmes du quartier des plaisirs, avec leurs noms et ceux des maisons auxquelles elles appartiennent. Yédo, 1776. Album factice à double face comprenant 36 planches en couleur, monté sur un papier à reflets argentés, en un volume in-4, couverture en étoffe.

Fameux ouvrage de Shounsho. Tirage de la plus grande beauté dans lequel domine une note rose d'un ton particulier qui en constitue la caractéristique essentielle. Cf. Cat. Burty, nº 196.

194. **Katsoukawa Shounsho.** Les poétesses célèbres. Belle série de planches en couleur, accompagnées chacune d'une page de poésie. En un album in-4, recouvert en étoffe.

Les poétesses sont représentées en riches costumes et dans une pose méditative. Les tirages sont de tons harmonieux et dégradés.

195. — Trois jeunes femmes dans un parc. Estampe en couleur.

196. — Estampe en couleur de 0ᵐ.70 de haut sur 0ᵐ,12 de large. Deux jeunes femmes jouant avec un singe.

197. — Deux jeunes femmes et deux enfants sur un pont de planches. Estampe à tons mauve, vert et jaune. — Yeïshi, trois jeunes femmes. Deux estampes en couleur.

198. — Un acteur en costume de femme. Belle planche à ton rose.

199. — Un acteur, en robe vert pâle avec un surtout noir.

200. — Portraits d'acteurs. 56 planches en couleur par Katsoukawa Shounsho et son élève Bountsho. 1778, 2 vol. in-4, cart.

Collection fort rare de planches représentant des portraits d'acteurs en buste sur un fond dessiné en éventail. Cf. Cat. Burty, nº 193.

201. **Shounsho, Shounko, Shounyeï** et **Shoun-sen.** Six portraits d'acteurs, planches en couleur à tons éteints, in-folio allongé.

Shounko, Shounyeï et Shoun-sen furent les meilleurs élèves de Shounsho. Ils furent ses collaborateurs assidus et partagent sa haute réputation.

202. — Six planches en couleur représentant des acteurs.

203. **Shounsho, Shounyeï** et **Shounko.** Cinq belles planches en couleur, portraits d'acteurs.

204. **Shounsho, Shounyeï** et **Shounko.** Six portraits d'acteurs. Planches en couleur de format in-folio étroit allongé. Belles pièces fort rares.

205. **Shounsho** et **Shounko.** Trois estampes en couleur; acteurs en scène.

206. **Shounko** et **Shounyeï.** Quatre estampes en couleur; acteurs.

207. **Shounsho** et **Shounyeï.** Deux estampes en couleur. Portraits d'acteurs.

208. — Trois acteurs dont l'un en costume de guesha et l'autre en costume de femme. Charmantes estampes en couleur.

209. **Shounsho** et **Shounko.** Trois planches en couleur. Portraits d'acteurs dont l'un en costume féminin.

210. **Shounko.** Deux planches en couleur représentant deux acteurs dont l'un en costume de femme. Beau tirage à tons éteints, rose, mauve, vert pâle, etc.

211. — Trois estampes en couleur représentant des acteurs dont deux en costumes de femme.

212. — Trois estampes en couleur. Acteurs.

213. — Cinq portraits d'acteurs, planches en couleur in-4 long.

214. **Shounko, Bountcho, Shoun-sen.** Cinq portraits d'acteurs in-4, oblong. Jolies estampes en couleur, beau tirage.

215. **Shounyeï.** Un acteur, en robe verte à dessous blancs.

216. — Un acteur en robe rouge à dessous bleus avec le double sabre des samuraï. Estampes en couleur.

217. — Acteur à demi nu, une étoffe noire jetée sur le corps. Estampe en couleur.

218. — Un acteur, en robe rouge et casaque noire. Estampe en couleur.

219. **Shounsen.** Suite de 8 planches en couleur. Gravures remarquables et de superbe état. En un vol. in-4, couv. en soie.

Ces planches représentent des paysages, animés au premier plan de personnages et de scènes très spirituellement traitées. Les tons, dans les-

quels dominent le rose et le jaune, sont très harmonieux. Les flots de la mer
et de la Soumida sont rendus par des gaufrures dans le fond blanc du papier.
Signalons : des porteuses d'eau dans leurs pittoresques costumes, le passage
d'un gué par de jeunes femmes dans l'eau jusqu'à mi-jambe, des enfants
râtissant la terre au bord de la mer et se faisant des niches, une fête de
nuit avec feu d'artifice, trois jeunes femmes dans une grande barque pêchant
au filet, une maison de thé, etc.

220. **Shinman** et autres. Six belles estampes en couleur avec texte
explicatif en 1 vol. in-4, cart.

> Ouvrage de la plus grande rareté et d'une superbe exécution.

221. **Shiko.** Estampe en couleur de 0^m,60 de haut sur 0^m,11 de
large. Deux jeunes femmes dont l'une pique une épingle dans la
chevelure de l'autre.

222. **Yeisho.** Estampe en couleur de 0^m,60 de haut sur 0^m,11 de
large. Deux jeunes femmes.

223. **Shounsho** et **Kita o Shighémasa.** La préparation de la
soie. 12 planches en couleur, surmontées d'un texte. En 1 vol.
in-4, br.

> Planches charmantes où dominent des tons rose et vert tendre. Les
> femmes ont cette élégance, cette grâce, cette morbidesse qu'on retrouve
> dans la plupart des œuvres de ces deux artistes.

KITA O MASAYOSHI

Appelé aussi Kei saï et Jo Shin, mort en 1824. Il est surtout célèbre par ses rapides esquisses dans lesquelles le caractère des objets
est noté avec une remarquable habileté en quelques coups de pinceau et un jet de couleur.

224. **Kita o Masayoshi.** *Gio baï riakou gwa siki.* Dessins de poissons et de mollusques par Kita o Kei saï Masayoshi. 1802, grand
in-8, cart., impression en couleur.

> Première édition de cet ouvrage qui a été réimprimé vers 1860, mais
> d'une manière bien moins remarquable que dans ce premier tirage.
> « Kita o Masayoshi a laissé, dit M. Anderson, un précieux album de
> paysages et des études soignées de poissons ». C'est l'album que nous avons
> sous les yeux. On y retrouve toutes les qualités du maître et notamment
> cette exactitude et cette sûreté du coup de pinceau qui, d'un trait, indique la
> caractéristique des objets représentés.

225. **Kitao Masayoshi.** Croquis rapides par Kitao Kei saï Masayoshi. 1 vol. in-4, gravures en couleur.

> Curieux volume d'esquisses et de petits sujets traités d'une façon toute humoristique.

226. — Méthode de dessin et esquisses diverses. Impression en couleur de la fin du xviii° siècle.

> Dessins humoristiques, caricatures, personnages enlevés en deux coups de pinceau; album très curieux.

227. — *Kwa riakou gwa siki.* Croquis de fleurs et études d'arbustes par Kitao Kei saï Masayoshi. Yédo, 1813, in-4, br., gravures en couleur.

KITAO MASANOBOU

(MORT EN 1830)

228. **Kitao Masanobou.** Les cent poètes, gravures en couleur dans le style de Hokusaï. Chaque planche est accompagnée d'une poésie en caractères cursifs. Un volume in-4, cart.

> Kitao Masanobou est le nom de peintre du fameux romancier Kio-den Il fut l'élève de Shighé-masa et mourut en 1830 à l'âge de 55 ans. Son œu vre comprend des estampes en couleur d'une grande beauté.

229. **Tori-yama-Seki-yen.** Album d'esquisses et de dessins divers. 1774. Planches en noir, dont quelques-unes avec rehaut de couleurs.

> Œuvre fort intéressante de Tori-yama-Seki-yen, un élève des Kano, qui adopta le style de l'école Oukiyo-yé, et qui fut le maître d'Outamaro.

KITA-GAWA OUTAMARO

(1754-1797)

Un des plus aimables artistes de l'école *oukiyo-yé;* c'est, par excellence, le peintre de la femme japonaise. Il la rend avec amour, il la décrit avec toutes ses élégances, toutes ses grâces, toutes ses séductions. Ses femmes, comme l'observe justement M. Gonse, ont la morbidesse allongée et voluptueuse des figures de notre école de Fontainebleau. Lire sur Outamaro la série d'articles publiés par M. Edmond de Goncourt dans l'*Écho de Paris* (nos 2356 et suivants). Cf. Cat. Burty, nos 219 à 232.

230. **Outamaro.** Jeune femme allaitant son enfant. Belle estampe en couleur.

> Rien de comparable, dit M. de Goncourt, dans les images des autres

pays, aux planches d'Outamaro sur l'allaitement. Ce sont les penchements
de tête de notre Vierge sur le divin *bambino*; c'est la contemplation extatique
de la mère-nourrice; ce sont les enveloppements amoureux de ses bras ; et
c'est l'enroulement délicat d'une main autour d'une cheville, en même
temps que la caresse de l'autre derrière la nuque de l'enfant, suspendu à son
sein.

231. Outamaro. Scènes enfantines. 2 jolies estampes en couleur.

Un enfant effrayé par sa mère qui tient dans sa main une tête de loup
la gueule ouverte. — Deux enfants avec des grelots et une jeune femme
jouant du shamisen.

232. — Belle série de 20 planches en couleur, dont les scènes
variées et gracieuses montrent le talent et l'ingéniosité de l'artiste dans ses sujets de prédilection.

233. — Rêverie. Planche de la belle série des grandes têtes, sur
fond à reflet argenté.

Une jeune femme, la tête appuyée sur la main, dans une pose songeuse
et mélancolique. Belle pièce.

234. — Les liseuses. Planche en couleur, à trois personnages.

235. — La coiffeuse. Grande planche en couleur, à deux personnages.

236. — La barque. Superbe planche triptyque, une des œuvres célèbres d'Outamaro.

Neuf femmes dans un grand bateau de plaisance. Planche allégorique,
dit M. de Goncourt, où, par divers symboles, dans ce bateau, dont la proue
est faite d'un gigantesque Fô sculpté et colorié, sept des femmes qui y figu-
rent représentent les sept dieux et déesses de l'Olympe japonais : Hotei,
Juro, Bishamon, Daikokou, Yebisou, Foukourokou-jin, Benten.

237. — Promenade dans les rues un jour de fête. Composition
triptyque, tirage à tons éteints.

Au premier plan, trois groupes de jeunes femmes en somptueux costume ;
au second plan, une foule en vêtements de fête. Au fond du tableau, une ligne
de maisons dont les vérandahs sont garnies de spectateurs.

238. — Les boulangères. Planche à trois compartiments. Superbe
pièce fort rare, à tons éteints.

Préparation de la pâte et fabrication du pain, par une dizaine de jeunes
femmes aux pittoresques accoutrements. Cette précieuse estampe est d'un
excellent tirage. A signaler quelques trous de vers.

239. **Outamaro**. Les plaisirs dans une maison de thé. Grande composition en trois feuilles. Tirage en couleur à tons doux. Belle épreuve.

> Un jeune samuraï est assis au milieu de dix jeunes femmes se livrant à diverses occupations. Pièce charmante.

240. — Une jeune princesse et ses femmes à la promenade ; grande planche triptyque. Estampe de tirage à tons vifs d'une grande fraîcheur.

> La princesse vient de descendre d'un lourd carrosse. Elle s'avance, les yeux baissés, précédée de deux jeunes femmes portant des arcs, des carquois, etc. Une autre soulève un grand parasol au-dessus de la tête de la princesse. Les autres femmes suivent, portant divers objets. Les costumes sont de la plus grande élégance.

241. — La cueillette des pommes ; magnifique planche tripty que. Tirage à tons riches et harmonieux, chef-d'œuvre d'impression en couleur.

> La composition est d'une grâce parfaite. Sous un pommier chargé de fruits, une dizaine de jeunes femmes sont occupées à la cueillette ; les unes tirent sur les branches, les autres reçoivent les fruits, les arrangent dans des paniers, etc. Les ondulations de ces corps, les arrangements de ces longs vêtements flottants, le relèvement élégant de ces jupes et, au milieu du tableau, cette jolie femme en costume rose et noir, tout cela est harmonieux, gracieux et savant et forme un ensemble admirable.

242. — Divertissement au bord d'une rivière. Composition en trois parties. Très belle estampe en couleur à gaufrures. Tirage superbe de tons et en condition excellente.

> De jeunes mères avec leurs petits enfants clapotent, les jambes nues, dans une rivière au cours rapide ; d'autres se livrent à diverses occupations, fument la petite pipe, etc. Quelques-unes de ces figures sont ravissantes de pose, de nonchalance, de gracieux abandon.

243. — Les porteuses d'eau. Superbe planche en trois parties, formant triptyque. Composition charmante et d'une grande douceur de tons. Très rare.

> Les porteuses d'eau, dans leur arrangement pittoresque, avec le bâton courbe auquel sont suspendus les deux seaux et leurs jupons de roseaux ressemblant à de grands pagnes, sont au bord de la rivière, puisant l'eau, emplissant leurs seaux et les emportant.

244. — Les dieux du bonheur symbolisés par des enfants. Grande planche à trois compartiments, en excellent tirage, d'une grande fraîcheur.

> Un grand bateau noir et rouge, terminé à la proue par une gigantesque

tête de coq, et roulant sur quatre petites roues, est traîné et poussé par des jeunes femmes d'une grande élégance. Il supporte un groupe d'enfants symbolisant avec leurs attributs les dieux du bonheur : Hotei, Benten, Daikokou, etc.

Une des œuvres rares d'Outamaro.

245. Outamaro. Jeunes femmes se baignant les pieds au bord de la mer, en vue des rochers d'Enoshima. Composition triptyque qui compte parmi les plus belles estampes en couleur de l'œuvre d'Outamaro.

Neuf jeunes femmes, au bord de la mer, retirent leurs chaussures pour baigner leurs pieds. Une seule est déjà dans l'eau et semble appeler les autres ; la seconde tâte l'eau avec un frissonnement charmant de frileuse ; la troisième s'avance en hésitant ; les autres relèvent leurs longues jupes ; l'une plonge ses mains dans la mer pour juger de sa température. Cette superbe composition est en excellent état de conservation et de tirage.

246. — Fête de nuit sur la Soumida. Grande composition en trois parties. Le fond est occupé par un pont sur lequel circule une foule pressée. La rivière est chargée de barques illuminées de lanternes rouges ; partout de jeunes femmes chantant, jouant de divers instruments, etc.

247. — Scène d'intérieur en trois planches, à tons d'une grande richesse où, sur un fond dans lequel domine le jaune, un rose d'une extrême finesse se marie avec un mauve élégant.

Dix jeunes femmes, dans un riche intérieur, se livrent à diverses occupations.

L'ensemble de la composition forme un tableau charmant.

248. — Une maison de thé. Gracieuse composition de trois planches en couleur.

Neuf jeunes femmes, pensionnaires d'une maison de thé, se livrent à leurs plaisirs. Les unes font de la musique, d'autres mangent des fruits et des friandises, d'autres jouent aux dames, fument dans leur longue pipette, etc. Une de ces compositions où excelle et se complaît le grand peintre de la femme japonaise.

249. — La chasse au faucon. Trois planches formant triptyque, représentant neuf jeunes femmes. Belles planches en couleur dans lesquelles dominent les tons verts et violets.

La masse du Foudji, au sommet neigeux, forme le fond du tableau. Au centre de la composition, une jeune princesse sur un superbe cheval, un faucon sur le poing, traverse un gué, accompagnée de deux suivantes, les jambes nues, les pieds dans l'eau ; l'une tient le cheval par la bride, l'autre porte le chapeau de la princesse ; les deux planches qui complètent la composition représentent des jeunes femmes dont l'une porte un faucon, d'autres des armes ; l'une, au moment d'entrer dans la rivière, dénoue sa sandale.

25o. **Outamaro.** Scène du Yoshiwara. Trois planches magnifiques représentant des courtisanes et de jeunes hommes, dans une grande pièce à travers les barreaux de laquelle on distingue les bords de la rivière, sillonnée de barques, et sur l'autre rive un paysage terminé par une longue rangée d'arbres. Les neuf jeunes femmes représentées portent de ravissants costumes aux harmonieuses couleurs ; trois d'entre elles font leurs adieux à deux jeunes gens qui descendent un escalier ; trois autres, dont l'une se regarde dans un miroir, sont à côté d'un jeune homme accroupi ; l'angle de droite est occupé par trois femmes, dont l'une présente une lettre à son amie accroupie derrière un moustiquaire de gaze verte.

251. — Les moustiquaires. Trois planches formant triptyque représentant des jeunes femmes dont les unes tendent des moustiquaires en gaze verte, derrière lesquelles d'autres à demi nues se préparent à se coucher.

Superbes pièces de la plus grande rareté et d'un aspect tout particulier.

252. — Trois planches en couleur formant triptyque, représentant neuf jeunes femmes sur un pont.

Remarquable pièce, comme composition, dessin, tirage et état.

253. — Superbe estampe en couleur. Deux personnages, un homme et une femme, les jambes nues, marchent sous la pluie qui les fouette.

L'homme vêtu d'une blouse bleue a jeté sur sa tête un voile dont il retient un coin entre ses dents. La femme, les seins nus, est vêtue d'une robe noire à dessin blanc avec une large ceinture. Hauteur de l'estampe o^m,51, largeur o^m,23.

254. — Belle estampe en couleur de o^m,65 de haut sur o^m,15 de large. Un jeune homme portant une jeune femme sur son dos.

255. — Cinq grandes compositions, paysages et personnages, avec textes explicatifs, planches en largeur en un vol. in-4, cart.

Admirable tirage en couleur à tons très doux, dans lequel toutes les ressources de l'art de la chromoxylographie portée à sa perfection ont été

mises en usage; les planches sont rehaussées de tons d'or et d'argent, les
détails des vêtements, les rives des fleuves, les nuages, sont obtenus par des
gaufrures tirées avec des blocs sans couleur. Œuvre de la plus grande
rareté.

256. **Outamaro.** Les coquillages. 8 gravures en couleur. Premier
tirage. Planches doubles en un vol. in-4, cart.

> Charmante impression à tons très doux. Le bas de chaque planche est
> occupé par un sujet, le haut par une poésie en hira-kana cursif. La première
> planche représente la récolte des coquillages au bord de la mer ; les suivantes,
> des coquilles de toute sorte; la dernière, le jeu des coquillages.
> C'est une des œuvres rares du grand artiste.

257. — Le Yoshiwaia. Scènes de la vie élégante. 2 vol. in-8, cart.,
gravures en couleur.

> Bel exemplaire et beau tirage de cet ouvrage qui compte parmi les plus
> rares d'Outamaro.

258. — Jeunes femmes au bord de la mer se baignant les pieds.
Gracieuse composition; deux estampes en couleur.

259. — Quatre estampes en couleur. Sujets variés. Plaisirs de
jeunes femmes.

260. — Cinq estampes en couleur. Sujets divers à plusieurs personnages.

261. — Neuf estampes en couleur. Sujets divers.

262. — Douze estampes en couleur. Sujets variés.

263. — Cinq estampes en couleur. Sujets variés à plusieurs personnages.

264. — Quatre estampes en couleur, à tons vifs. Sujets divers.
Jeunes femmes à leur toilette, à la promenade, etc.

265. — Trois estampes en couleur. Sujets divers à trois personnages.

> La collation sur une terrasse au bord de la mer. Trois jeunes femmes au
> bord d'une rivière. Deux femmes et un homme dans une barque.

266. — Scènes d'amour et de confidences. Trois estampes en couleur, à deux personnages. Pièces intéressantes.

267. **Outamaro**. Trois estampes en couleur. Groupes de deux figures de femmes. Bon tirage à tons éteints.

268. — Deux estampes en couleur. La bouderie : deux jeunes femmes se tournant le dos, d'un air fâché. — Un enfant et sa mère devant un miroir.

269. — Jeune femme assise devant un miroir et allaitant un enfant. Estampe en couleur, fond jaune.

270. — Portraits de femmes. Trois estampes en couleur.

Jeunes femmes rêvant, écrivant, buvant. Planches à tons doux sur un fond jaune.

271. — La souris blanche. Belle estampe en couleur sur fond argenté.

Une jeune femme accroupie fait courir sur son bras nu une souris blanche, tandis qu'une autre femme debout, la regarde, portant entre ses bras un enfant qui joue avec un cheval de bois.

272. — L'éducation d'un prince. Estampe en couleur.

Une jeune femme peigne un enfant à la peau rouge dont la figure se reflète, d'une manière curieuse, dans un miroir qu'il tient à la main.

273. — Le lever. Estampe en couleur à deux personnages.

274. — La collation. Belle estampe en couleur.

Une jeune femme, le corps gracieusement penché en avant, apporte le thé à deux enfants qui, assis par terre, font gaiement la dînette.

275. — Trois jeunes femmes. Estampe en couleur, à tons fins et délicats, où le rose, le jaune, le mauve et le vert s'unissent dans les teintes les plus harmonieuses.

276. — Une jeune mère et un enfant qu'elle porte sur son dos se mirent dans un baquet d'eau. Belle estampe en couleur d'un mouvement charmant.

Un de ces sujets maternels si gracieusement rendus par Outamaro.

277. — L'éducation d'un prince. Estampe en couleur.

Une jeune femme passe des armes dans la ceinture d'un enfant à figure rouge. Au premier plan, un chien noir. Curieuse pièce.

278. — Jeune femme se contemplant dans un miroir. Très belle estampe en couleur se détachant sur un fond argenté.

Pièce très rare et d'une grande beauté.

279. **Outamaro**. Jeune femme examinant une aquarelle. Magnifique estampe en couleur, sur papier à fond argenté.

Épreuve de choix, particulièrement belle.

280. — Éducation d'un prince. Grande estampe en couleur. Pièce
rare.

Une jeune femme tient enlacé dans ses bras un jeune enfant à la peau
rouge qui se serre câlinement contre sa joue.

SHA-RAKOU

Élève d'Outamaro, s'illustra à la fin du siècle. It is said, dit M. Anderson, that « he made too strenuous efforts to copy nature, and the result was
that his pictures missed the higher truth. » Les œuvres de Sha-rakou sont
d'une extrême rareté.

281. **Sha-rakou (To shiou-saï)**. Tête d'acteur dans un rôle de
femme. Superbe estampe en couleur se détachant sur un fond
argenté.

YEI-SHI

D'abord élève de l'école de Kano. Best known, dit Anderson, by the
chromoxylographs after his drawings of women, published between 1795
and 1805.

282. **Yei-shi**. Jeunes femmes se divertissant sur une terrasse au
bord de la mer. Superbe composition formant triptyque. Beau
tirage en couleur à tons doux.

283. — Scène du Yoshiwara. Composition triptyque. Belle estampe
en couleur.

284. — Jeunes femmes en promenade. Deux estampes en couleur.

285. — Plaisirs de jeunes femmes. Trois estampes en couleur.

286. — Femme agenouillée. Belle planche à tons légers et à gaufrures.

287. — Jeunes femmes se divertissant. Trois estampes en couleur.

288. — Jeunes femmes en promenade et faisant de la musique.
Deux estampes en couleur.

289. **Yeï-shï.** La promenade. Une jeune dame descend de carrosse
et marche dans la campagne, suivie de trois femmes dont l'une
tient au-dessus de sa tête un grand parasol. Belle estampe à
tons jaune, vert et mauve.

290. — Quatre jeunes femmes en promenade dont l'une tient une
lanterne à la main. — Quatre jeunes femmes causant et écrivant. Deux estampes en couleur.

291. — Divertissements de femmes. Promenade en bateau et musique. Deux jolies compositions en couleur.

292. — Trois jeunes femmes dont l'une tient une cage ouverte
dans laquelle une seconde introduit un insecte. — Deux jeunes
femmes dont l'une relève un moustiquaire et l'autre va jouer de
la cithare. Deux estampes en couleur.

293. — Une terrasse, le soir, au bord d'une rivière. Quatre jeunes
femmes, en élégants costumes aux vives couleurs, prennent le
frais, tandis que sur la rivière circulent les barques des pêcheurs.
Jolie composition et belle planche en couleur.

294. — Trois jeunes femmes sur une terrasse. Estampe en couleur, à gaufrures.

KO-RIOU-SAI

Appelé aussi Iso-da Sho-bei, contemporain de Boun-cho et élève des
Katsou-kawa.

295. **Ko-rïou-saï.** Un enfant jouant avec une tortue qu'il va plonger
dans un bassin plein d'eau. Estampe en couleur à dessin gaufré.

296. — Estampe en couleur de 0^m,70 de haut sur 0^m,12 de large.
Jeune femme et fillette.

297. — Estampe en couleur de 0^m,70 de haut sur 0^m,12 de large.
Deux jeunes femmes dont l'une accroupie tient des étoffes et
une paire de ciseaux.

298. — Une jeune femme suivie de deux fillettes. Belle estampe
en couleur.

299. **Ko-riou-saï**. Trois jeunes femmes faisant la lecture. Estampe en couleur.

3oo. — **Deux** estampes en couleur. Jeunes femmes sur une terrasse, avec un soleil couchant. Cinq enfants jouant avec un rat.

3o1. — Deux estampes en couleur. Jeunes femmes traversant un gué. Deux dames sur une galerie dominant un paysage à travers lequel serpente une rivière.

3o2. — Scène d'intérieur. Deux jeunes femmes à leur toilette. Estampe en couleur.

3o3. — Deux jeunes femmes à leur terrasse garnie de lanternes rouges regardent la pluie tomber sur la foule que cachent d'immenses parapluies. — Deux jeunes femmes à leur toilette. Estampes en couleur.

3o4. — Jeune dame en promenade suivie de deux fillettes. Belle estampe en couleur.

3o5. — Deux dames et un enfant. Gracieuse estampe en couleur aux tons harmonieux.

3o6. — Une jeune bonne et un enfant. Estampe en couleur.

3o7. — Perroquet sur une branche. Estampe en couleur.

3o8. — Deux faisans. Estampe en couleur.

3o9. — Un gros chat blanc guettant des papillons. Belle estampe à gaufrures et à tons doux.

3o9 *bis*. — Deux canards dans les roseaux. Estampe en couleur.

TROISIÈME PÉRIODE

XIXᵉ SIÈCLE

Les peintres de scènes de théâtre
et de scènes héroïques

Toyokouni, Kounisada, Kouniyoshi ; les artistes de l'école d'Osaka.

TOYOKOUNI

(1769-1825)

Le plus célèbre des peintres de l'atelier des Outagawa, le plus fécond des artistes du commencement de ce siècle, et l'un des meilleurs peintres d'acteurs et de scènes de théâtre.

310. **Toyokouni.** Remarquable album de paysages des environs de Yédo et de vues du Foudji. 8 planches, gravures en couleur du commencement du siècle. En un vol. in-4, cart.

311. — Belle estampe en couleur portant le cachet de Kiosaï, exécuteur testamentaire de Hokusaï. Une femme en riche costume, accompagnée de deux fillettes, s'avance dans un paysage couvert de neige, tandis qu'un serviteur tient au-dessus de sa tête un grand parapluie ouvert pour la protéger contre la neige qui tombe.

312. — Deux acteurs. Estampe à tons rose et noir et à gaufrures.

313. — Une dame, en superbe robe rose à feuillage vert, marche, accompagnée d'une fillette et précédée d'un serviteur qui porte une immense lanterne.

314. — Acteur dans une scène de drame. Estampe en couleur.

315. — Portrait d'acteur en robe verte. Estampe en couleur.

316. — Scènes du Yoshiwara. Charmante série de planches en couleur avec textes. 2 vol. in-8, cart.

Le Yoshiwara est le faubourg relié au côté nord de Yédo par une longue digue qui traverse des rizières. C'est là que depuis 1657, dit M. Appert, se trouvent groupées les principales maisons vertes. Les romanciers et les auteurs dramatiques y placent volontiers les sujets de quelques-unes de leurs œuvres. A l'époque de certaines fêtes, la foule s'y porte en masse.

317. **Toyokouni**. Scènes du Yoshiwara. 28 planches réunies deux
à deux en un album in-4 oblong, couv. en étoffe.

> Tirages en couleur du commencement du siècle. Œuvre peu commune
> de Toyokouni.

318. — Les plaisirs des femmes. 30 planches en couleur montées
à deux par page sur un album in-4, couvert. en soie à dessins
brodés d'or.

> Ces planches à tons légers, d'une grande finesse de tirage, représentent
> de jeunes femmes se promenant dans la campagne ou au bord de la mer,
> lisant, écrivant, composant des vers, etc.

319. — Les acteurs en vacances. Deux tomes en un volume in-8,
broché.

> Estampes en couleur. Très rare.

320. — Les acteurs célèbres. Un vol. in-8. cart., contenant
23 planches en couleur, d'une grande finesse de tons et de tirages
très soignés, représentant des portraits d'acteurs en costumes
d'hommes et de femmes parmi lesquels on reconnaît aisément
l'acteur Koshiro, l'homme au grand nez, une des célébrités
théâtrales du commencement du siècle.

321. **Toyokouni** et **Kounisada**. Les plaisirs et les divertissements
des dames japonaises. 37 planches aux vives couleurs en un
album in-fol., cart.

> Album charmant comme choix des sujets, composition, dessin, tirage.
> A la première page, le portrait de Toyokouni.

322. — Acteurs et scènes de théâtre. Estampes en couleur en un
album in-folio, cart.

323. **Toyokouni** et **son école**. Curieux album contenant des
épreuves de gravures tirées en noir.

> Grande variété de sujets; masques, paysages, guerriers, acteurs, fan-
> taisie.

324. Les occupations des femmes. Série de planches en couleur
de l'école des Outagawa, accompagnées de poésies. En un vol.
in-4, cart.

325. Jeunes femmes à leurs occupations. Recueil de 36 planches

de l'école des Outagawa, en un album in-4, à semis d'argent, couv. en étoffe.

Chacune de ces gracieuses compositions ne contient qu'un personnage et à côté un cartouche sur lequel se détache une inscription.

KOUNISADA

(1785-1864)

Le meilleur élève de Toyokouni, dont il prit le nom, et dont les œuvres se confondent souvent avec celles de son glorieux maître.

326. **Kounisada.** Acteurs et scènes de théâtre. Bel album de planches en couleur, la plupart d'un tirage remarquable. In-folio, cart.

327. — Scènes de théâtre et portraits d'acteurs en buste. A la fin, quelques paysages. En un album in-4, br.

328. — *Genzi mono gatari.* Cinquante-quatre scènes du *Genzi mono gatari*, la célèbre histoire romanesque et poétique des amours d'un prince en qui on a personnifié toute la galanterie de la famille des Minamoto. 54 planches en couleur de Kounisada, montées sur papier fort, en un album in-4 oblong, couvert en soie brochée d'or.

Belle et rare série, une des plus célèbres et des plus élégantes de l'œuvre de Kounisada. Chaque planche entourée d'un encadrement en couleur forme tableau. L'album est en très bel état.

329. — Magnifique suite de 54 planches en couleur pour l'illustration du *Genzi mono gatari*, en un album in-folio, couverture en étoffe.

Les scènes et les personnages se détachent sur un fond blanc qui fait ressortir d'une manière éclatante la vivacité des couleurs des somptueux costumes des personnages. Au-dessus de chaque scène est représentée une feuille en forme d'éventail sur laquelle est peint un sujet, un arbre, un paysage, un portique, un vêtement, un meuble, un pont, un oiseau, etc., accompagnant une pièce de vers. Chaque planche est entourée d'un encadrement vert.

330. — Acteurs et scènes de drame. Une centaine de planches en couleur, en un album in-folio, cart.

Beaux tirages à tons laqués; chaque planche est surmontée de cartouches ou de makimonos déroulés portant une poésie ou une peinture.

331. Kounisada. Acteurs et scènes de théâtre. Belle série de grandes planches dans lesquelles les personnages se détachent sur un fond clair. Album in-folio, cart.

332. — Les stations du Tokaïdo, par Kouniyoshi et Kounisada. 33 planches en couleur, en un album in-folio, cart.

> Chaque planche représente dans un petit cadre un des sites de la fameuse route, et, au-dessous, une scène se rapportant à quelque légende sanglante ou poétique, gracieuse ou terrible, qui s'est passée dans ce site. — Belles épreuves de tirage ancien.

333. — Belle série de portraits d'acteurs vus à mi-corps. Planches en couleur de superbe tirage, en un album in-folio, cart.

334. — Scènes de la vie élégante d'après le *Genꜩi mono gatari*. Beau recueil d'estampes en couleur, en un album in-folio, cart.

335. — Les principales scènes du *Genꜩi mono gatari*. Bel album d'estampes en couleur aux tons vifs et éclatants. Un vol. in-folio, cart.

336. — Les stations du Tokaïdo. Superbe série de 56 planches en couleur représentant des sites remarquables de cette route fameuse si souvent décrite par les peintres et chantée par les poètes.

> Au premier plan de chacune de ces planches figure une femme dont la silhouette gracieuse ajoute une note charmante au paysage qu'animent, en outre, de nombreuses scènes populaires.

337. — Belle série de paysages à la manière d'Hiroshighé, par Kounisada et divers. 51 estampes en couleur, en un album in-4, cart.

338. — Deux estampes en couleur, format d'écrans, tirages uniques avec le cachet de Kiosaï.

> Pièces de haut intérêt.

339. Kounisada, Keisaï et autres. Portraits de femmes en riches costumes. Série de grandes planches en couleur, la plupart d'un grand effet décoratif. En un vol. in-folio, cart.

> Un certain nombre de ces planches sont tirées en un seul ton bleu; d'autres à tons légers et harmonieux, d'une grande finesse. Les costumes, d'une extrême élégance, les étoffes éclatantes, la pose nonchalante des femmes, tout concourt à un effet charmant. Très bel album.

340. **Kounisada et divers.** Paysages animés de scènes et de personnages. Deux séries en un vol. in-4, cart.

Intéressante collection de paysages japonais offrant la plus grande variété.

341. **Kounisada, Kouniyoshi et leur école.** Recueil d'estampes en couleur, en un album in-folio, cart.

Sujets divers, légendes, acteurs, scènes de théâtre, etc.

342. — Scènes du *Genzi mono gatari*. Trente belles planches formant triptyque, en un album in-folio, cart. Beau tirage à couleurs vives.

343. — Les principales scènes du *Genzi mono gatari*. 42 planches en couleur, en un album in-folio, cart.

344. — Vingt-deux planches, en un album in-folio, cart. Acteurs, guerriers, batailles, scènes de théâtre.

345. — Album de 44 belles planches en couleur. Scènes du *Genzi mono gatari*. En un vol. in-folio, cart.

Gracieuse série contenant quelques planches charmantes.

346. — Recueil de 140 planches, gravures en couleur en un vol. in-folio, cart.

Scènes historiques et légendaires, représentations théâtrales, scènes de drames, portraits d'acteurs, charges et caricatures. Recueil intéressant par la beauté d'un grand nombre de planches et la variété des sujets traités.

347. — Recueil d'une soixantaine de planches en couleur, en un album in-folio, cart.

Femmes de toutes conditions, riches costumes de courtisanes, jeunes mères avec leurs enfants, jeux d'enfants, occupations journalières; trois planches formant triptyque, en tirage à tons éteints, représentant des porteuses d'eau, avec leurs deux seaux suspendus aux extrémités d'un bâton courbe et leurs jupons de roseaux.

KOUNIYOSHI

(1796-1861)

L'élève de Toyokouni, l'ami et le collaborateur de Kounisada, artiste d'une grande fécondité, il a publié un nombre considérable de volumes relatifs à l'histoire héroïque du Japon et aux luttes féodales; il a illustré des romans, donné une suite fameuse de l'Histoire des Quarante-sept Ronins et produit un nombre énorme de gravures en couleur représentant des scènes de combat, des figures de guerriers et aussi des scènes de théâtre et des portraits d'acteurs.

348. Kouniyoshi. Héros, guerriers, scènes de combat et de carnage. Album à double face, in-folio, cart., planches en couleur.

Un de ces albums où Kouniyoshi se complaît à rendre toute la furie des guerres de la féodalité qui désolèrent le Japon pendant plusieurs siècles.

349. — *Seki zyan gi-sin den*. L'histoire des Quarante-sept fidèles Ronins du prince d'Ako. Collection de 5o planches en couleur, montées sur papier fort, en un album, in-folio, cart.

Cette série est un des chefs-d'œuvre de Kouniyoshi. Les personnages se détachent en vigueur sur un fond blanc. Chaque planche est accompagnée d'un texte explicatif.

35o. — Portraits de guerriers célèbres, la plupart au milieu du combat. Album in-folio, cart., d'estampes en couleur.

Une de ces séries où se complaît le talent de Kouniyoshi qui excelle à peindre les combats sanglants, les terribles corps-à-corps et la férocité des héros des luttes féodales.

351. — Sept épreuves de gravures au trait dont une avec un essai de coloration.

352. — Album de planches formé d'épreuves de gravures de Kouniyoshi tirées en noir. En un cahier in-4, oblong.

Coiffures d'acteurs, guerriers, scènes de théâtre, etc. Planches curieuses.

353. — Les soixante-dix stations du Tokaïdo. 7o planches en couleur en un album in-folio, cart.

Une des meilleures œuvres de Kouniyoshi. Épreuves en beau tirage. Chaque planche représente dans un petit cadre un des sites de la fameuse route, et au-dessous une scène se rapportant à quelque légende dont ce site a été le théâtre.

354. — L'arc-en-ciel. Trois personnages gravissant une colline et fermant leurs parapluies, à la vue d'un arc-en-ciel. Belle estampe en couleur.

355. — Modèles de piété filiale chinoise. Belle suite de 14 planches doubles en couleur, en un album in-4, br.

356. Kounlyoshl, Sada-hldé et autres. Scènes des guerres de la
féodalité japonaise, combats sur terre et sur mer, etc.

> Intéressante série de planches en couleur en un album in-folio, cart.

357. Kounlyoshl et ses élèves. Les légendes de la route du Tokaïdo. Belle série de planches en couleur, en un album in-folio,
cart.

358. École d'Osaka. Recueil de 48 planches en couleur, en un album in-folio, cart.

> Acteurs et scènes de drame. Belle série de ces planches qui eurent une
> si grande vogue au Japon au commencement de ce siècle.

359. Portraits d'acteurs, plaisirs de jeunes femmes, scènes du *Genẕi
mono gatari.* Belle collection d'estampes en couleur d'une
grande variété de sujets, exécutées par différents artistes, en un
album in-folio, cart.

HIROSHIGHÉ MOTONAGA

(1797-1858)

Le plus grand paysagiste du Japon et, après Hokusaï, le peintre de
mœurs le plus original et le plus fécond du xıxᵉ siècle.

360. Hlroshlghé. *Tokaido fou kei, sogwa.* Les cinquante-trois
vues du Tokaïdo, la grande route pittoresque qui relie les deux
capitales : Kioto et Yedo. 53 planches en couleur, en un vol.
in-4, cart.

> Très belle suite en premier tirage et l'une des plus belles œuvres du
> grand paysagiste japonais. Hiroshighé a peint la route fameuse sous tous ses
> aspects, à toutes les heures du jour, à toutes les époques de l'année. Il a
> animé les sites et les paysages de scènes populaires d'une gaîté, d'un mouve-
> ment, d'une vérité remarquables. Cette suite se rencontre rarement en aussi
> bel état que dans notre exemplaire. Cf. Cat. Burty, nᵒ 381.

361. — Les vues du Tokaïdo. Planches en couleur de format mi-
nuscule. Album in-12 oblong, cart.

> Série fort rare; une même planche contient plusieurs vues séparées par
> un cartouche rectangulaire sur le fond rouge duquel se détache une in-
> scription.

362. — Les cinquante-trois stations du Kisso kaido, une des grandes routes du Japon. Album petit in-4, cart., gravures en couleur,
tirage ancien.

363. **Hlroshlghé**. Suite de cinquante-cinq paysages de la route du
Tokaïdo, la plupart avec une vue du Foudji. Belle série de gravures en couleur, en un vol. in-folio, cart.

364. — Les beautés de la route du Tokaïdo. Planches de format
moyen pliées en double en un vol. in-8, cart.

  Beau tirage en couleur, rare en cette condition.

365. — Le petit Tokaïdo. Charmante série des vues de la route
pittoresque, réunies en un album in-12 cart., gravures en couleur.

  Exemplaire de premier tirage, parfait d'exécution.

366. — Les plus beaux paysages du Japon. Album de 70 planches
en couleur, représentant les sites les plus pittoresques.

  Sites montagneux, rochers, cascades, grottes, ponts. — Très belle série.

367. — Les plus beaux paysages du Japon. 55 planches oblongues
en un vol. in-4, cart.

  Estampes en couleur, d'un bon tirage; des scènes populaires et de nombreux personnages animent ces paysages et leur donnent la vie et la
  gaieté.

368. — Suite de vingt-huit gravures en couleur. Planches doubles
en un album in-4, cart.

  Très belle suite des paysages de Yedo et des environs : une fête de nuit,
  un grand pont de bois sur lequel se presse une foule devant un feu d'artifice,
  et, au-dessous, la rivière chargée de barques illuminées de lanternes, une
  rue pleine de monde et décorée de bannières multicolores, des paysages de
  printemps et d'été, scènes de pluie et de neige, les marchands des rues à
  Yedo, un arc-en-ciel, des pêcheurs à la ligne. Tous ces sujets sont traités
  avec cet esprit et rendus avec cette vérité qu'on retrouve dans toutes les belles
  œuvres d'Hiroshighé.

369. — Bel album de paysages. 68 planches en couleur en un vol.
in-4, cart.

370. — L'histoire des Quarante-sept fidèles Ronins. Suite de
16 gravures en couleur. Planches doubles en un vol. in-4, cart.

  Suite d'une grande rareté. Chaque planche est entourée d'un encadrement tiré en couleur. — Aux 16 planches d'Hiroshighé sont jointes
  10 planches remarquables de Sada-Hidé, le collaborateur bien connu de
  Kei-sai-Yei-sen. Ces planches, entourées d'un encadrement, comme celles
  d'Hiroshighé, représentent des scènes historiques et légendaires. Elles peuvent être comptées parmi les bonnes planches de Sada-Hidé.

3₇1. **Hiroshighé**. Album de paysages. 3o belles planches en couleur, pliées en un album petit-in-8, cart.

372. — Paysage des environs de Yedo. Des barques sur une rivière. Estampe en couleur.

3₇3. — Deux poissons. Estampe en couleur.

3₇4. — Deux estampes en couleur : une langouste et un poisson.

3₇5. — Une carpe. Estampe en couleur.

HOKUSAÏ ET SON ÉCOLE
(1760-1849)

Le plus grand artiste du Japon, le plus fécond et le plus original. Cf. Cat. Burty, p. 13o et suiv.

3₇6. Hokusaï. *Yé hon Kyoka mata yama*. Les promenades de Yedo et des environs, vues et personnages. Par Hokusaï. 18o3, 3 part. en un vol. in-4, br., gravures en couleur.

Bel exemplaire de ce livre aussi intéressant que rare, l'une des premières grandes œuvres de Hokusaï. Cf. Cat. Burty, nᵒˢ 349 et 55o.

3₇7. — Les promenades de Yedo et des environs, vues et personnages. Deux tomes en un volume in-4, gravures en couleur.

Une des premières et des plus célèbres œuvres du maître.

3₇8. — Les plus beaux sites des environs de Yedo. 49 planches montées sur papier fort en un album in-4, cart.

Tirages anciens en couleur à tons très doux, vues à vol d'oiseau, scènes de la rue, artisans, etc.

3₇9. — Album de 39 belles planches tirées de la série : Usages des environs de Yedo, gravures en couleur de superbe tirage, montées sur papier fort en un album in-4, couv. en étoffe.

38o. — *Denshin gwa kiyo*. Dessins reflétant du cœur (dessins d'imagination), par Hokusaï. 1813. Un volume grand in-8, orné de belles illustrations en noir.

Rare.

381. **Hokusaï**. Recueil de 16 planches représentant des danses religieuses, grav. en noir. En un album in-4, couv. en soie.

382. — Les cinquante poètes célèbres. Portraits et poésies. Planches en couleur, montées sur papier fort en deux albums in-8, couv. en étoffe.

> Une des séries rares de l'œuvre de Hokusaï.

383. — *Yé hon Souikoden*. Les cent huit héros. Histoire de héros chinois et japonais. 1818, 2 tom. en un vol. in-8, cart., gravures en couleur.

384. — *Ippitsou gwa fou*. Esquisses d'un seul coup de pinceau. Yédo, 1823, un vol. in-8, grav. en couleur.

> Premier tirage, en couleurs pâles. 87 compositions esquissées avec une liberté incomparable imprimées sans texte sur 56 feuillets. Les tons bleu et rose sont d'une grande fraîcheur et d'une grande délicatesse dans ce tirage. Ces petits sujets sont merveilleux par la sûreté du dessin, par l'effet, par la variété des poses; des hommes ou femmes en action ou au repos, des tortues, des grues, des oies, des paysages, etc.

385. — *Fougakou Hiak'Kei*. Les cent vues du Foudji-yama, par Hokusaï. Édition de 1834, 3 vol. in 8, gravures en noir. Exemplaire en superbe tirage de cet ouvrage, l'un des plus beaux du maître.

386. — *Fougakou San-jiourok'kei*. Les trente-six vues du Foudji-yama, par Hokusaï. Superbe série de 36 planches en couleur de format oblong en un vol. in-4, cart.

> Précieux exemplaire des planches en premier tirage. « Amongst the finest works of the artist, » dit M. Anderson.

387. — Le pont commercial. Belle estampe en couleur. Une des 36 vues du Foudji.

> Pièce d'un bon tirage.

388. — Ilot vers lequel se dirigent des bateaux. Une des 36 vues du Foudji-yama. Tirage en bleu.

389. — La grève à la marée montante. Belle estampe en couleur. L'une des 36 vues du Foudji.

390. — Les vues du Tokaïdo. Recueil factice de 51 planches en cou-

leur d'un beau tirage montées deux à deux en un album in-4, couv. en soie.

Très précieuse série qui se rencontre rarement en aussi belle condition.

391. **Hokusaï.** Description des stations du Tokaïdo. Recueil factice de 55 planches de l'édition originale, in-12 oblong de 1829, montées à deux par page, en un album in-4, couv. en soie.

Fort rare.

392. — Paysages des environs de Yedo, avec personnages. Recueil factice de 22 planches en couleur, montées sur papier fort, en un album in-4, couvert. en étoffe.

Publié vers 1830 en collaboration avec Riou Kosaï.

393. — *Yei you dʒu yé.* Héros et guerriers japonais. 1834, in-8, gravures teintées.

394. — Héros et guerriers. 4 vol. in-8, gravures en noir.

395. — *Banshiokou dʒu ko.* 10 000 dessins pour des métiers. Modèles et dessins pour plusieurs métiers. Osaka, 1835. 5 vol. in-8 cart., gravures teintées. Signés Taito.

Ces dessins, dit M. Gonse, comptent parmi les plus remarquables sortis de la main de Hokusaï.

396. — *Yé hon tchiou kio.* Devoirs envers le souverain. Illustrations par Hokusaï. 1835, un vol. in-8, gravures en noir, cart.

397. — Les guerriers célèbres. 2 vol. in-8 brochés, gravures en noir.

398. — *Yé hon Toshi-sen.* Choix illustré de poésies de la dynastie des Thang. 1833. 1ʳᵉ série illustrée de près de cent compositions en noir d'un grand style, 5 vol. in-8, cart.

399. — *Yé hon Toshi-sen.* Choix illustré de poésies de la dynastie des Thang, 1833-1836. 2ᵉ série, 5 vol. in-8 cart., gravures en noir, compositions d'un grand style par Hokusaï.

400. — Le Tokaïdo. Description des 53 stations de cette route pittoresque. 1836, 2 vol. in-8 réunis en un seul, gravures teintées.

401. **Hokusaï**. *Shin Hinagata*. Nouveaux dessins. Modèles pour
la construction des charpentes et l'ornementation des maisons.
Édition originale rehaussée d'un ton rose.

Bel exemplaire de cet ouvrage exécuté en 1836, à la période où le talent
de Hokusaï était dans toute sa maturité.

402. — *Hokusaï Sogwa*. Dessins cursifs de Hokusaï. Un vol. in-8.
gravures en noir, rehaussées d'une teinte rose.

Première édition fort rare.

403. — *San tai gwa fou*. Recueil de dessins et d'esquisses; tirage
en noir rehaussé d'un ton rose et d'un gris fin. Un vol. in-8,
cart.

404. — *Gwa siki*. Modèles de dessins et recueil d'esquisses. Édition de 1849. Gravures rehaussées d'une teinte rose et d'une
teinte bleue. 3 vol. in-8, cart.

Cette œuvre, une des plus intéressantes de Hokusaï, renferme des planches
bien connues : les aveugles traversant un gué, les laveuses, le bûcheron, le
moulin, les dévideuses, le coup de vent, la vague, etc.

405. — *Gwa Siki*. 1ʳᵉ série, 2 vol. in-8, grav. en noir.

406. — *Gwa Siki*. Modèles de dessins et recueil d'esquisses. 3ᵉ série,
2 vol. grand in-8, cart. grav. en noir.

407. — *Gwa Siki*. 2ᵉ série, 2 vol. in-8, brochés, grav. en noir.

408. — *Onna Imagawa*. La morale des femmes. Préceptes moraux
à l'usage des jeunes filles. Illustrations par Hokusaï, vers 1840.
Un vol. in-8, cart., grav. en noir.

Premier tirage avant la teinte. Très rare.

409. — Légendes illustrées. Un vol. in-8, grav. en noir.

410. — Illustrations pour un roman de Bakin. 2 tomes en un vol.
in-8, broché.

411. — Scènes d'intérieur et paysages. 2 albums in-8, cart., planches
en couleur.

412. — Recueil d'illustrations pour un roman de Bakin. Gravures
en noir montées deux à deux en un vol. in-4, broché.

4r3. **Hokusaï**. Poésies illustrées. 2 vol. in-8, gravures en noir d'un superbe tirage.

414. — Modèles de piété filiale. 1850, in-8, gravures en noir.

415. — Encyclopédie illustrée de gravures en noir. 3 vol. in-8, cart.

416. — Poésies de Tshoraï. Album factice comprenant 19 planches en couleur montées sur papier fort. Album in-8, cart.

Série complète d'une grande rareté.

417. — *Gwa fou*. Sujets variés. Un vol. in-4, gravures rehaussées d'une teinte rose.

Quelques planches fameuses, les laveuses, les aveugles, etc.

418. — Recueil factice de planches tirées du *Gwa fou*. Belles estampes avec un ton rose en un album in-4, couv. en étoffe.

419. — Album factice composé de 21 planches en couleur en un volume, montées en un album, couvert en étoffe, pet. in-4.

Une partie des planches appartient à l'ouvrage publié par Hokusaï en 1815, sous le titre : « Gestes de théâtre. » Une autre partie représente des paysages.

420. **La Mangwa de Hokusaï**. 14 cahiers de gravures à trois tons, un noir bien uni et satiné, un gris très fin et un rouge brique pâle. Exemplaire d'un bon tirage (le tome XII est tiré en noir, sans les teintes).

Mangwa signifie « rapides esquisses ». Ces 14 cahiers de rapides esquisses contiennent des milliers de sujets divers. — C'est un monde, dit M. Ary Renan. On se demande ce que Hokusaï peut avoir oublié. Point de redites, point de défaillances. Le rouleau se déroule à perte de vue, toujours égal. C'est, dit M. Duret, une revue d'ensemble du monde japonais.

Cette encyclopédie constitue non seulement le *vade-mecum* des artisans : ciseleurs, laqueurs, dessinateurs ou décorateurs, mais encore offre un vaste champ d'études à l'usage de tout artiste désireux de savoir jusqu'à quelle limite peuvent être poussées, dans le rendu des êtres et des choses, la vérité de l'attitude, l'expression de vie et de mouvement, unies à la souplesse et à la vigueur du pinceau.

Consulter sur la *Mangwa* les nombreux dessins, les planches et les importants articles consacrés à ce recueil fameux par le *Japon artistique*, notamment dans les nᵒˢ 3, 5, 8, 9, 12, les articles de M. Duret dans la *Gazette des Beaux-Arts* de 1882, de M. Anderson et de M. Satow dans les *Transactions of the Asiatic Society of Japan*, de M. Gonse dans l'*Art japonais*, etc.

421. **Hokusaï.** Petite Mangwa de Hokusaï. Recueil de croquis et
de dessins. 1843, in-8, gravures à deux tons, noir et gris.

> Ce volume est une sorte de complément des 14 séries de la *Mangwa*. Il
> porte le titre : *Peintures tracées avec le gros pinceau*, peut-être pour indi-
> quer qu'il est traité largement, en opposition avec les autres qui sont
> d'une exécution finie. Exemplaire en premier tirage. Rare

École de Hokusaï

422. **Shighenobou** (Yanagawa), le gendre de Hokusaï. 7 estampes
en couleur représentant des acteurs.

423. **Hok'kei.** Portraits de héros et de guerriers, précédés de
6 planches de paysages. Album factice de belles estampes en
couleur, in-4, cart.

424. **Hok'kei Mangwa.** Livre d'esquisses du meilleur élève de Hokusaï. Yedo, vers 1830. 2 vol. in-8, cart. gravures en couleur.

425. — Album factice composé de planches en noir et en couleur
extraites de diverses œuvres de ce charmant artiste. Album in-4,
cart., couverture en estampes en couleur.

426. — Cortège de femmes. Recueil factice de 17 planches en couleur, en un album petit in-4, couv. en étoffe. École de Hokusaï :
vers 1825.

427. **Keisai-Yei-sen.** Croquis rapides. 5 volumes in-8. grav. en
couleur.

> Œuvre intéressante d'un des meilleurs élèves de Hokusai vers 1830,
> connu aussi sous le surnom d'Ikéda.

428. — Histoire des quarante-sept Ronins. Onze belles planches
en couleur, en un volume in-4 oblong, cart.

> Chaque planche est surmontée d'un large cartouche avec inscription en
> caractères carrés se détachant en blanc sur un fond noir.

429. — Le Mangwa de Keisai-Yei-sen. Un vol. in-8, gravures en
noir, rehaussées d'un ton rose.

430. Keisai-Yei-sen. Recueil de petits croquis dans le genre de la Mangwa. 3 vol. in-8, cart. gravures teintées.

En collaboration avec Hiroshighé et divers.

431. — Scènes humoristiques et croquis divers. 5 vol. in-8, cart., gravures en couleur.

En collaboration avec Kouniyoshi.

432. I-sai. Dessins pour une petite encyclopédie. 2 vol. in-8, cart. gravures en noir.

Katsoushika I-sai est un des élèves de Hokusaï qui ont le mieux imité la manière du maître.

433. Kio-sai. Études de fleurs, d'oiseaux, d'insectes, d'animaux, de paysages, etc. 29 estampes en couleur, en un album in-4 oblong.

Né en 1831, Kio-sai est un des plus fameux élèves de Hokusaï. Cf. Anderson, *Catalogue*, pages 370, 371, et Guimet, *Promenades japonaises*.

Recueils de gravures de diverses écoles
Sujets variés

434. Shounbokou. Reproduction de peintures anciennes, personnages, oiseaux, animaux, paysages, etc. 3 vol. in-8, grav. en noir.

Œuvres de l'école de Kano. Rare.

435. Tan-you Ring wa. Choix d'œuvres anciennes de l'école de Kano recueillies et reproduites par Tan-you. 3 vol. in-4, planches noires et en couleur.

436. École de Kioto. Album de personnages, paysages, oiseaux, fleurs, arbustes, etc. In-8, broché, planches en couleur.

437. — Croquis humoristiques par Bonsou de l'école de Kioto. In-4, cart., grav. en couleur.

Scènes, personnages et animaux.

438. — Album de gravures coloriées. École de Kioto. Un vol. in-4, cart.

Personnages, paysages, oiseaux, scènes, etc.

439. **École de Kioto.** Études de fleurs, d'oiseaux, d'insectes. Estampes en couleur en un volume in-8, cart.

Bel album de l'école de Kioto.

440. — Paysages, arbustes, fleurs, animaux, etc. École de Kioto, curieux album d'estampes en noir et en couleur, grand in-8, broché.

441. — Les occupations et les métiers des femmes. Recueil de planches de l'école de Kioto. Un vol. in-4, br.

Tirage en noir, avec un ton rougeâtre.

442. Études de fleurs, oiseaux, arbustes, personnages, etc. 7 volumes grand in-8, gravures en noir. Ouvrage important et intéressant d'un bon tirage.

443. Oiseaux, poissons et fleurs. 25 planches doubles en un album in-4, couv. en étoffe. Estampes à tons légers.

444. Etudes de fleurs et d'oiseaux, gravures en noir au trait. Un album in-4, cart.

445. *Yé hon taka kagami.* Le miroir des faucons. Chasses au faucon, dressage des faucons, variétés de faucons, au Japon et en Chine. 3 vol. in-8, cart., gravures en noir.

446. Épreuves de gravures en noir, 3 planches avec le cachet de Kiosaï.

Pièces uniques.

447. Fleurs et insectes. Estampes en couleur accompagnées d'un texte explicatif. Ouvrage intéressant du commencement du siècle, et de la plus grande rareté.

448. Recueil de dessins, sujets variés, modèles pour l'industrie, pour les laqueurs, les ciseleurs, modèles de cuirs historiés, paysages, personnages, etc. 5 vol. in-8, cart., gravures en noir.

449. Scènes de cauchemar, apparitions de spectres, etc. Recueil factice de planches singulières les unes en noir, les autres avec une teinte bleue. En un album in-4, oblong, couv. en étoffe.

·450. Album factice. Curieuse collection de petites vignettes en couleur, collées sur papier fort et réunies en un album pet. in-folio oblong, cart.

Sujets variés. Au verso de ces planches, un texte manuscrit.

451. Croquis et études, curieux recueil de dessins de diverses écoles, gravures en noir. 3 vol. in-4, brochés.

452. Dessins de poissons et de mollusques. 2 vol. in-4, brochés, gravures en couleur avec texte explicatif. Fort rare.

453. Recueil de paysages. 18 belles estampes en couleur, très beau tirage, en un album grand in-8, reliure en étoffe.

454. Études de paysages. Estampes en couleur accompagnées d'un texte explicatif. Un vol. in-4, cart.

455. Croquis humoristiques et scènes populaires. Gravures en noir. Un vol. in-8, cart.

Ces scènes, traitées avec la rudesse de pinceau de l'école de Kioto, sont intéressantes par le mouvement et par le sentiment comique qu'on observe dans chacune.

456. Les métiers. Belle suite de 34 gravures en couleur, par So Ji, de l'école de Hokusaï. Un vol. in-4, cart.

Planches charmantes, remarquables pour le dessin, la douceur des tons et la beauté du tirage. A noter : une tisseuse à son métier, un forgeron de lames de sabres, un sculpteur, un fabricant de laques, des menuisiers, etc. Chaque sujet forme une petite scène à plusieurs personnages, scène très vivante et très pittoresque.

457. Les artisans et les métiers du Japon. Un vol. in-4, broché. Planches en couleur accompagnées d'un texte explicatif.

458. Les petits métiers. Scènes de la vie populaire à Yedo. Sujets traités en caricature. Un volume in-4, cart., planches coloriées de tons légers, bleu, rose, bistre.

459. Modèles d'écrans et d'éventails. Joli album moderne de planches en couleur. Petit in-8, cart.

Sujets variés, personnages historiques et légendaires, objets divers.

460. Les portraits des poètes célèbres. Belle série de 26 estampes en couleur à tons gaufrés et laqués. En regard, une poésie sur

un fond à plusieurs tons. En un album in-4, tranches dorées, couv. en étoffe.

461. Portraits de guéshas en costumes de danse. Cinq estampes en couleur accompagnées de poésies. Belles planches à couleurs et à rehauts métalliques en un album in-4, cart.

462. *Kwan-Ko-Dʒu-Setsu*. Notice historique et descriptive sur les arts et industries japonais, par Ninagawa Noritané. Art céramique. *Tokio,* 1876-1880, 7 volumes in-4 oblong, gravures en couleur et cinq brochures in-8 de texte français, en une couverture à la chinoise.

Sourimonos de Hokusaï, de Kounisada, de Kouniyoshi, de Hok'kei, de Gakoutei, etc.

Les *sourimonos* sont considérés par tous les collectionneurs comme les plus délicates productions de l'art japonais. Ce sont des estampes en couleur, d'un tirage merveilleux, avec de délicates gaufrures, et des tons d'or, d'argent, de bronze et d'étain qui en rehaussent l'éclat. Chacune de ces pièces tirées à un nombre très restreint pour un groupe d'amis est d'une grande rareté; beaucoup seraient introuvables aujourd'hui, même au Japon. Cf. Catalogue Burty, pages 160 et suiv.

463. Deux beaux sourimonos de Hokusaï, signés Taito et Tameitchi.

Deux femmes dont l'une couchée à terre, et l'autre debout en riche costume, étalant de ses deux mains son éventail d'argent. — Vase avec un rocher artificiel et différents ustensiles.

464. Deux sourimonos de Hokusaï, signés Tameitchi.

Des vases, des fleurs, une paire de ciseaux. — Jeunes femmes accroupies et jouant avec des enfants. — Tons d'une extrême douceur, avec rehauts d'argent.

465. Deux sourimonos de Hokusaï, l'un signé Tameitchi, l'autre Taïto.

Un miracle de Kwannon, belle pièce à gaufrures argentées. — Une caisse noire contenant des objets d'habillement et une cage au-dessus de laquelle volent deux oiseaux.

466. Deux sourimonos de Hokusaï, l'un signé Taïto, l'autre Tameitchi.

> Une jeune femme sur un pont soulève son voile, costume vert richement orné d'étoiles d'argent. — Un enfant jouant à la corde.

467. Deux sourimonos de Hokusaï, l'un signé Taïto, l'autre Hokusaï.

> Une jeune femme, en charmant costume bleu et rose, puise de l'eau dans un vase en porcelaine à décor bleu. — Des épingles pour les cheveux.

468. Promenade de jeunes femmes près des rizières. Superbe planche en couleur par Hokusaï. In-4 oblong.

> Sourimono rare de Hokusaï.

469. Un sourimono de Hokusaï. In-4 oblong. Réunion de nobles personnages.

> Pièce rarissime.

470. Grand sourimono de Hokusaï. In-4 oblong représentant trois jeunes femmes dans une barque pêchant au filet ; au second plan, la rivière dont les flots sont indiqués par des gaufrures, et, dans le fond, un bel effet de soleil couchant.

471. Grand sourimono de Hokusaï. In-4 oblong. Voyageurs longeant le bord de la mer.

> Belle estampe en couleur de superbe tirage.

472. Grand sourimono de Hokusaï à tons légers. Danse sur une terrasse.

473. Beau sourimono de Hokusaï représentant la fête des poupées.

474. Grand sourimono de Hokusaï. In-4 oblong. Trois jeunes femmes à la promenade et un enfant jouant avec un chien.

> Pièce superbe et fort rare.

475. Grand sourimono de Hokusaï. In-4 oblong. Promenade en barque près des piles d'un pont.

> Très belle pièce.

476. Trois sourimonos par Kouniyoshi, Shin Saï, Shighenobou.

> Une guésha exécutant une danse noble. — Quatre éventails avec leurs boîtes. — Une jeune femme assise sur un tapis rouge, au pied d'un arbre.

477. Deux sourimonos, par Zeshin et Shinsaï.

Une branche d'arbre se profilant sur le disque argenté de la lune. — Un paysage à vol d'oiseau.

478. Trois sourimonos, par Hok'kei, Kei saï, Kouniyassou.

Une jeune femme, près d'une grosse lanterne ronde. — Une large coquille à l'intérieur de laquelle est peinte une scène d'amour dans une barque (style de l'école de Tosa). — De superbes étoffes sur un support près duquel est un lapin blanc.

479. Six sourimonos de Kounisada, Hok'kei et autres artistes.

Des singes apportant des provisions à un daïmio tenant son cheval par la bride. — Une audience impériale. — Une jeune femme, en riche costume pourpre orné de serpents, tient un masque de singe à la main. — Acteurs et personnages légendaires.

480. Quatre sourimonos de Kouniyoshi, Hok'kei, Shinsaï.

Les ustensiles du thé. — Un chat, d'une facture curieuse. — Un gros poisson rouge, avec un enfant jouant sur son dos. — Une femme en ample costume, à lourde perruque rouge, présente un trépied.

481. Trois sourimonos, par Shinsaï et Hok'kei.

Des porteurs de litière au bord de la mer, avec un singulier effet de rayons solaires. — Un coffret de perles et une branche de corail. — Divers ustensiles.

482. Trois sourimonos, par Hokouba (Teisaï) et Shighenobou.

Un personnage à cheval sur un tigre. — Une jeune femme debout et rêveuse. — Trois jeunes hommes rencontrent dans la campagne une jeune femme; l'un d'eux lui prend la main et la lui baise.

483. Trois sourimonos, par Hok'kei. Teisaï (Hokouba) et Gakoutei.

Deux personnages dans un pavillon construit au milieu des rochers contemplent, à travers une longue-vue, un paysage au fond duquel se profile la masse du Foudji. — Un homme et une femme du peuple dans la rue, devant un tableau représentant un bélier. Une branche d'arbre en fleur.

484. Trois sourimonos, par Keisaï-Yeï-sen, Kounisada et Hok'kei.

Un personnage fantastique tenant de chaque main une lourde hache. — Une jeune femme, assise dans un bateau, lave du linge dans la rivière. — Une cithare et une gourde.

485. Deux sourimonos, par Hok'kei.

Une fleur près d'un vase bleu à décor blanc. — Un papillon.

486. Trois sourimonos, par Hok'kei, Gakoutei et Kounisada.

Un guerrier tient un large plateau dans lequel une jeune femme d'une grande beauté, en costume guerrier, verse un liquide qu'elle puise dans un grand vase rond. Belle pièce entourée d'un encadrement en couleur. — Une jeune femme, aux lèvres peintes en rouge et bleu, lit en déroulant un makimono. — Un homme, à la figure épanouie, s'apprête à découper un poisson.

487. Trois sourimonos de Gakoutei.

Jeunes femmes en riches costumes, sur fond d'or, encadrement en argent à gaufrures et à ornement en noir. Pièces intéressantes.

488. Trois sourimonos, par Gakoutei et Keisaï-Yei-sen.

Une jeune femme en somptueux costume s'abrite la tête derrière son éventail. Encadré. — Une jeune femme, portant sur la tête différents objets, tient à la main une pipette qu'elle s'apprête à fumer. — Une jeune femme en promenade, avec deux enfants. — D'un curieux effet.

489. Deux sourimonos, par Hok'kei.

Un biwa, ou luth à quatre cordes. — Inros et netzkés.

490. Deux sourimonos, par Gakoutei et Hok'kei.

Une jeune femme à sa toilette devant son miroir d'argent où se reflètent ses traits. Pièce d'une extrême richesse. — Kwannon volant à travers l'espace sur un oiseau fantastique.

491. Deux sourimonos de Shinsaï et de Hok'kei.

Un monument funèbre composé de deux colonnes surmontées de pots à feu et de clochettes, à travers lesquelles un long serpent s'enroule. — Une coupe, un ciseau et des feuillages.

492. Deux sourimonos, par Hok'kei et Gakoutei.

Un beau sourimono, à fond d'or, en deux compartiments. Dans l'un, une branche d'arbre en fleur et le disque de la lune ; dans l'autre, un daïmio en somptueux costume et un enfant au bord de la mer dont les flots sont indiqués par des gaufrures argentées. — Une grosse caisse et différents ustensiles.

493. Deux sourimonos, non signés.

Un plateau en porcelaine à décor bleu, avec des fruits et un couteau. — Un plateau de laque, avec des fleurs.

494. Zé-Shin (Shiba-Ta), artiste contemporain, d'une grande originalité.

Deux sourimonos oblongs, un chien avec une longue poésie, et un paysage représenté par des extrémités de mâts et une barrière, le tout couvert d'une teinte rose.

Sourimonos de l'école de Kioto
et de divers artistes

495. Album de grands sourimonos de l'école de Kioto. In-folio,
cart.

Ce volume contient dix sourimonos accompagnés de longues poésies.

496. Sourimonos de l'école de Kioto, en un album à double face,
in-folio, couverture en soie jaune brochée d'or.

Belle série de 78 pièces en couleur, grande variété de sujets.

497. Album de sourimonos de l'école de Kioto. 55 planches doubles accompagnées chacune d'une page de poésie, en un album
in-4 oblong, cart.

Poètes et personnages en costumes de cour, caricatures; scènes diverses,
le Foudji, la poétesse Komati, une rangée de lanternes rouges, des poissons, des paysages, des ustensiles de toute sorte, etc.

498. Cinquante et un sourimonos de l'école de Kioto. Planches en
couleur en un vol. in-4, oblong, cart.

Grande variété de sujets, accompagnés chacun de poésies.

499. Sourimonos de l'école de Kioto. Album factice comprenant
80 planches en couleur accompagnées de longues poésies. Album in-4 cart. Sujets variés.

500. Album de sourimonos. École de Kioto. 34 pages doubles.
Pet. in-4, cart.

Sujets variés : la poétesse Komati, un danseur de Nô, des animaux, des
scènes populaires, des arbres, des plantes, etc.

501. Sourimonos de l'école de Kioto. 96 planches en couleur en
un album in-4 oblong, cart.

502. Sourimonos de l'école de Kioto, en un album in-folio, cart.

Cet album contient 31 planches en couleur de grand et moyen formats
accompagnées de poésies.
Intéressante série.

5o3. Sourimonos de l'école de Kioto. Six pièces de grand format, sujets variés. Fête de nuit avec feux d'artifice sur l'eau ; éventails, vases de fleurs, ustensiles divers, etc.

5o4. Sourimonos de l'école de Kioto. 14 pièces en couleur, sujets variés.

5o5. Sourimonos de l'école de Kioto. 12 pièces en couleur. Une société de Tcha-Jins, vases de fleurs, les dieux du bonheur en caricature, charges sur les poètes et les guerriers, etc. Curieuse série de sourimonos de grand format.

5o6. Sourimonos de l'école de Kioto. 9 planches en couleur avec de longues poésies.

Pièces de grand format.

5o7. Sourimonos de l'école de Kioto. Six pièces en petit format carré, sujets variés.

5o8. Sourimonos de l'école de Kioto, de petit format, oblongs et carrés. 3o pièces en couleur, quelques-unes avec gaufrures et rehauts métalliques.

5o9. Six sourimonos de l'école de Kioto, de format in-4 oblong. Sujets divers.

51o. Vingt sourimonos, la plupart de l'école de Kioto, de format moyen. Sujets divers.

511. Sourimonos. 21 planches en couleur, accompagnées de poésies. Sujets divers.

512. Dix-huit sourimonos, de petit format oblong. Curieuse série d'une facture toute particulière. Sujets divers.

513. Huit sourimonos en hauteur, fleurs, oiseaux, personnages, etc.

514. Huit sourimonos en long format oblong. Sujets divers, un oiseau sur le croissant argenté de la lune, une gourde, des paysages, des personnages, etc.

515. Sept sourimonos en long. Sujets divers, notamment trois hommes tirant un bateau, des gens du peuple à une fête de nuit, etc.

516. **Sourimonos.** Intéressant recueil de sourimonos à personnages, et de petits sourimonos à neuf par page en un volume
in-4, cart. Planches à tirages remarquables avec tons d'or et
d'argent.

517. **Album** in-4, cart. à double face, contenant des estampes en
noir et en couleur, des sourimonos, des peintures à l'aquarelle
et à l'encre de Chine. Recueil intéressant.

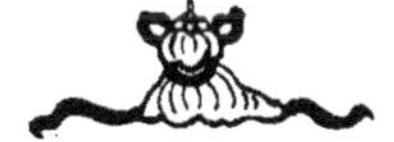

TABLE DES DIVISIONS

PEINTURES JAPONAISES

	Numéros.
Écoles de Tosa et de Kano.	1
Makimonos de diverses écoles.	10
Aquarelles de diverses écoles.	16
Peintures a l'aquarelle et a la gouache.	40
Curieux cahiers d'études : fleurs, oiseaux, sujets variés..	40
Peintures sur éventails.	130

ESTAMPES JAPONAISES

PREMIÈRE PÉRIODE

Gravures en noir.

Moronobou (Hishikawa).	141

Estampes en couleur.

Soukenobou (Nishikawa).	145
Hanabousa (Itcho).	148

SECONDE PÉRIODE

Apogée de la chromoxylographie.

Souzouki Harounobou	153
Tori i Kiyonaga.	169

Numéros.

Katsoukawa Shounsho. 193

Kita ó Masayoshi. 224

Kita o Masanobou 228

Kita-gawa Outamaro 230

Sha-rakou 281

Yei-shi 282

Ko-riou-sai 295

TROISIÈME PÉRIODE

Toyokouni. 310

Kounisada. 326

Kouniyoshi. 348

Hiroshighé Motonaga. 360

Hokusaï. 376

École d'Hokusaï 422

Recueils de gravures de diverses écoles. — Sujets variés . . . 434

Sourimonos.

Sourimonos de Hokusaï, de Kounisada, de Kouniyoshi, etc. . . 463

Sourimonos de l'école de Kioto et de divers artistes. 495

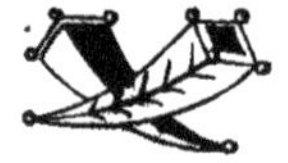

Paris. — Typ. Chamerot et Renouard, 19, rue des Saints-Pères. — 27660.